ENCORE TRICOLORE

nouvelle édition

COPYMASTERS & ASSESSMENT

Sylvia Honnor and Heather Mascie-Taylor

Assessments (Épreuves and Contrôle): Terry Murray

Published in 2001 by:
Nelson Thornes Ltd
Delta Place
27 Bath Road
CHELTENHAM
GL53 7TH
United Kingdom

05 06 07 / 10 9 8 7 6 5 4

A catalogue record for this book is available from the British Library

ISBN 0 17 440324 0

Illustrations by Gary Andrews, Art Construction, David Birdsall, Judy Byford, Belinda Evans, Andy Peters, Michael Spencer, Sue Tewkesbury, Mike Whelan

Page make-up by AMR Ltd

Printed in Great Britain by Antony Rowe

Table des matières

On mange et on boit

1 Mots croisés en images

Horizontalement

1 du ... chaud

6 du ...

9 un ...

10 une ...

11 du ...

12 du ...

14 de la ... de tomates

Verticalement

2 Après le dîner, Papa boit du ...

3 Tu prends du ... dans ton café?

4 du ... rouge

5 du ...

7 des ... verts

8 du ...

11 Mon fruit favori est une ...

13 de l'...

2 Ça, c'est ridicule

Remplace les mots soulignés par des mots corrects.
Exemple: 1 *rouge*

1 Une fraise est un fruit <u>bleu</u>. ....
2 Une pêche est un <u>légume</u>. ....
3 Une carotte est un <u>fruit</u>. ....
4 La limonade est une sorte de <u>poisson</u>. ....
5 Une pomme de terre est un <u>gâteau</u>. ....
6 Le café est une boisson <u>froide</u>. ....
7 Le jus de pomme est une boisson <u>chaude</u>. ....

3 Des phrases

Complète les phrases avec du (masc.), de la (fem.), de l' ou des (pl.).
Exemple: 1 Je prends *du* sucre dans mon thé.

1 Je prends .... sucre dans mon thé.
2 J'aime manger .... salade de tomates.
3 Comme il fait chaud, je bois .... eau minérale.
4 Comme dessert, je prends .... yaourt.
5 Comme fruits, je prends souvent .... fraises ou .... raisins.
6 Mon père boit .... vin avec son dîner.
7 En été, je bois .... limonade ou .... jus de fruit.

Encore Tricolore 2 nouvelle édition © Honnor, Mascie-Taylor, Nelson Thornes 2001

Les verbes en -er

1 Qu'est-ce qu'on fait?

Trouve le bon texte.
1 Ex. ...c...., 2 ...., 3 ...., 4 ...., 5 ...., 6 ...., 7 ....,

a   Tu ranges ta chambre?
b   Il saute.
c   Je déteste les devoirs.
d   Elles rentrent tard.
e   Elle cherche sa balle.
f   Bonjour! Nous parlons votre langue.
g   Ils achètent des baskets.

2 Le verbe travailler *(to work)*

Complète le verbe.
Exemple: je travaill*e*

je travaill.......	nous travaill.......
...... travailles	vous travaill.......
il ….....….…e	ils ….……....…ent
...... travaill.....	.... travaill.......

3 Au club des jeunes

A   *Voici trois membres du club. Ils se présentent. Complète les blancs avec des verbes.*

Je m'appelle Kévin. J'(adorer) **1** Ex. ...adore........ le sport et je (passer) **2** .... tous les week-ends au stade. Je (jouer) **3** .... au foot avec mes copains et nous (jouer) **4** .... quelquefois contre l'équipe d'un autre club. Heureusement, nous (gagner) **5** .... très souvent.

Moi, je suis Lisa Bertrand et j'(adorer) **6** .... danser. Je (préférer) **7** .... la danse moderne, mais j'(aimer) **8** .... aussi le ballet. Ma cousine Tiffaine et moi, nous (travailler) **9** .... beaucoup à nos classes de danse, parce que nous (espérer) **10** .... gagner un prix au Festival de Danse cet été.

Je m'appelle Christophe et j'(habiter) **11** .... à Paris. En hiver, je (passer) **12** .... mes soirées devant la télé, ou sur l'ordinateur. Je (regarder) **13** .... des films et des comédies et Marc, mon frère aîné et moi, nous (essayer) **14** .... tous les jeux électroniques. Quelquefois, nous (inventer) **15** .... de nouveaux jeux.

B   *C'est qui? Complète les verbes et identifie les personnes.*

1   **Ex.** Il regard.*e*. souvent la télé. ......*C'est Christophe*.......
2   Elle aim... beaucoup la danse moderne. ....
3   Ils invent... des jeux électroniques. ....
4   Avec sa cousine Lisa, elle travaill... très bien en classe de danse. ....
5   Il jou... au football tous les week-ends. ....

6   Avec son petit frère, il pass... beaucoup de temps devant l'ordinateur. ....
7   Ils jou......... dans la même équipe de football que Kévin. ....
8   Elles aim......... le ballet, mais elles préfèr.......... la danse moderne. ....

Les verbes en -re

1 Des verbes utiles

Complète les verbes.

vendre *(to sell)*

Ex. je vend.s

tu vend......

il/elle/on ....

nous ....ons

.... vend.................

ils/elles ....ent

descendre *(to go down)*

je descend..............

.... d.....................................s

.... descend......

nous descend.................

vous ....

.... descendent

2 C'est à vendre?

Il y a une vente de charité au club des jeunes à La Rochelle.
Remplis les blancs.
Exemple: 1 *vends*

– C'est vrai, tu **1** .... ta guitare, Mireille?

– Oui, moi, je **2** .... ma guitare (c'est ma deuxième guitare, tu sais!) et

Stéphanie **3** .... une calculette.

– Qu'est-ce que tu **4** ...., Sébastien?

– Moi, je **5** .... un sac à dos. À 10 euros, ce n'est pas cher. Coralie et

Grégory **6** .... une radio et Vincent **7** .... un jean.

– Vous **8** .... ce grand sac, Suzanne et Christophe?

– Non, nous ne **9** .... pas le sac – c'est pour toutes les choses que nous achetons!

3 Mots croisés

Complète les mots croisés.

Horizontalement

1 Est-ce que vous ... des boissons ici? (vendre)
5 Le bus arrive en ville et les garçons ... (descendre)
7 Tu m'... ? J'arrive dans deux minutes. (attendre)
9 – Où est Marie?
  – ... attend le bus avec les autres filles.
10 Le téléphone sonne et Philippe ... (répondre)
12 Désolé, nous ... vendons pas de boissons.
13 Mais ... vendons des sandwichs.
14 ... vendent des boissons froides au kiosque.

Verticalement

2 Voici la gare. Nous ... ici. (descendre)
3 Les amis ... Sophie au café. (attendre)
4 On ... des timbres au bureau de tabac. (vendre)
6 Le téléphone sonne, mais on ne répond ...
8 Je ... mon vélo – il est trop petit pour moi. (vendre)
11 Et moi, je continue jusqu'à la gare. Je ... descends
  pas ici.

Encore Tricolore 2 nouvelle édition © Honnor, Mascie-Taylor, Nelson Thornes 2001

Les quantités

Écris le bon texte pour chaque image.

Exemple: 1d (une boîte de pêches)

a une bouteille de lait

b un pot de confiture

c un morceau de pâté

d une boîte de pêches

e un kilo de pommes

f un morceau de fromage

g quatre tranches de jambon

h cent grammes de saucisson sec

i une boîte de thon

j un paquet de biscuits

k une portion de salade de tomates

l deux paquets de chips

Les verbes en -ir

1 finir *(to finish)*

Complète le verbe.

Ex. *je* fin*is*
tu ....is
il/elle/on fin..............

..nous.. fin*issons*......
vous fin..............
........../elles fin..............

2 Les cadeaux de Noël

Suis les lignes et remplis les blancs. Qu'est-ce que on chosit comme cadeau?

1 **Ex.** André *..choisit un vélo.....*
2 Magali ....
3 Les jumeaux ....
4 Je ....
5 Daniel ....
6 – Alors Loïc, qu'est-ce que tu .... enfin?
– Comme tu sais, le cadeau que je voudrais surtout, c'est un ....

3 Complète les bulles

Complète les bulles avec les mots de la case ci-dessous.

1 Ex. Ne *..remplissez.............* pas trop vos bols.

2 *les examens*

3 Oui, oui. Il m'........................... toujours.

4 Nous .... dans cinq minutes.

5 Ils aiment faire la cuisine, mais ils ne .... pas toujours.

6 Voici nos gâteaux. ....!

a **Choisissez!**	b **finissons**
c **remplissez**	d **réussissent**
e **Abolissez**	f **obéit**

Pour t'aider

abolissez — *abolish! get rid of!*

ne ... pas, ne ... plus

1 Beaucoup ou pas du tout?

Choisis la bonne description.

1
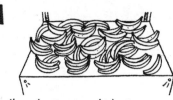

a Il y a beaucoup de bananes.
b Il n'y a pas beaucoup de bananes.
c Il n'y a pas de bananes.

2

a Il y a beaucoup de bananes.
b Il n'y a pas beaucoup de bananes.
c Il n'y a pas de bananes.

3
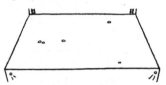

a Il y a beaucoup de bananes.
b Il n'y a pas beaucoup de bananes.
c Il n'y a pas de bananes.

4

a Il n'y a pas beaucoup de sandwichs, mais il y a des gâteaux.
b Il y a beaucoup de sandwichs, mais il n'y a pas de gâteaux.
c Il n'y a pas beaucoup de sandwichs et il n'y a plus de gâteaux.

5

a Il ne reste plus de salade de tomates, mais il y a de la quiche et du pâté.
b Il y a beaucoup de quiche, mais il n'y a pas beaucoup de salade de tomates et il n'y a plus de pâté.
c Il ne reste plus de salade de tomates, mais il y a beaucoup de quiche et un peu de pâté.

2 Au marché

Jetez un dé ou choisissez des numéros entre 1 et 6 pour faire des conversations.

Exemple:

 A   B   C   D

– Vous désirez?
– (A3) Une boîte de (B1) chocolats, s'il vous plaît.
– Oui, et avec ça?
– (C4) De la confiture de fraises, s'il vous plaît.
– Ah, je regrette, mais il n'y en a plus. Vous voulez autre chose?
– Oui, donnez-moi (D5) un paquet de saucisses.
– Désolé, mais je n'ai pas de saucisses aujourd'hui!

A	
1	des
2	cent vingt-cinq grammes de
3	une boîte de
4	un kilo de
5	un demi-kilo de
6	deux cent cinquante grammes de

B	
1	chocolats
2	fraises
3	pêches
4	tomates
5	champignons
6	cerises

C	
1	une pizza au jambon
2	des bâtonnets à la vanille
3	des yaourts aux fruits
4	de la confiture de fraises
5	des bonbons à la menthe
6	du camembert

D	
1	un paquet de macaronis
2	un melon
3	un litre d'eau minérale
4	trois portions de quiche
5	un paquet de saucisses
6	un gâteau au chocolat

3 Un jeu de dés

- **A** demande quelque chose qui est dans une des listes A, B, C et D (en haut).
- **B** jette le dé.
  Si c'est 1, 3 ou 5 – il n'y en a plus.
  Si c'est 2, 4 ou 6 – **A** peut l'acheter.
- Maintenant, changez de rôle. Chaque personne note ce qu'il/elle a acheté.
- À la fin, on compte. Qui a acheté le plus?

Exemple:
A: Je voudrais un gâteau au chocolat.
B: Je regrette, mais il n'y en a plus.

B: Je voudrais deux cent cinquante grammes de fraises.
A: Voilà.

Les verbes sont utiles

1 Verbena, le serpent français

imangernchoisirffinirivendrenaimeriparlertrendreidescendrefacheter

A *Écris les verbes dans la liste correcte.*

B *Avec les lettres qui restent, fais le nom d'une partie importante de chaque verbe.*

-er	-re	-ir
Ex. *manger*		

2 Trois sortes de verbes

Complète le tableau.

chant**er** – *to sing*
je chant**e**
tu chant...............
........../**elle**/**on** chant**e**
nous ....**ons**
vous chant..................
ils/............. chant**ent**

chois**ir** – *to choose*
je chois**is**
.... chois**is**
il/elle/on ....**it**
.... chois**issons**
vous ....**issez**
........../**elles** ....**issent**

répond**re** – *to reply*
je répond**s**
tu ....**s**
il/.......... répond
nous répond..........
....**ez**
........../**elles** répond..........

3 Comment dit-on cela?

Écris en français.

Exemple: 1 *je travaille*
(travailler – to work. Take off –er, add ending for je = e)

1 I am working ....
2 he asks ....
3 he succeeds ....
4 we are counting ....
5 they (fem.) wait ....
6 I prefer ....
7 she explains ....
8 we finish ....
9 she chooses ....
10 they (masc.) buy ....

> **Pour t'aider**
>
> Voici l'infinitif des verbes:
> attendre   finir   préférer   acheter   expliquer
> compter   choisir   demander   réussir   travailler

4 Dans l'Arctique

Complète l'histoire avec les verbes de la case ci-dessous.

Ici, l'hiver **1 Ex.** *dure* six mois, la mer est gelée et il fait toujours nuit. Mais pendant l'hiver, les animaux

2 .... à exister, surtout les animaux aquatiques, comme les baleines , les phoques et l'ours polaire . L'ours polaire est plus adapté que les autres à la vie dans l'Arctique et son manteau blanc le **3** .... (rendre) invisible dans la neige. C'est le plus gros carnivore du monde – il

4 .... plus de 50 phoques par an!

Tous les animaux **5** .... le printemps, et quand l'hiver **6** .... et le soleil

7 ...., les animaux de l'Arctique sortent. Ils

8 .... de nouveaux compagnons, l'ours polaire **9** .... à chasser et on dit que les baleines **10** .... dans la mer!

> **continuent   finit   dure   mange**
> **brille   dansent   attendent   rend**
> **choisissent   commence**

Encore Tricolore 2 nouvelle édition © Honnor, Mascie-Taylor, Nelson Thornes 2001

C'est utile, le dictionnaire!

What is a bilingual dictionary?

It is a dictionary which gives lists of words and their translations into a different language. A French bilingual dictionary has two sections: French–English; English–French. Sometimes there are other pages containing notes about how to use the dictionary, verb tables etc.
The words in each section are listed in alphabetical order.

What are the words at the top of each page?

The word at the top of the page on the left (cirque) shows the first word that appears on the page.

The word at the top of the page on the right (classe) shows the last word that appears on the page. They should help you find the word you are looking for.

Looking up French nouns

A noun is the name of someone or something or the word for a thing (e.g. box, pencil). All nouns in French are either masculine (le, un) or feminine (la, une).

If you come across a French word that you don't understand and that you can't work out, look it up in the French–English section. You might also want to check whether a noun is masculine or feminine.
This is what you might find if you looked up the French word *pays*.

This tells you how to pronounce the word using symbols (International Phonetic Alphabet), but you needn't worry about these.

n
This tells you that the word is a noun.

m
This tells you that the noun is masculine (le, un).

(**a**), (**b**), (**c**)
These are different meanings of the word; the most common is usually given first.

To check that you have chosen the correct meaning, look up the English word in the English–French section and see if the French word given there is the one you first looked up.

pays [pei] *nm* (**a**) country; land **p. étranger** foreign country (**b**) region, district, locality; **vin du p.** local wine (**c**) native land; home; **avoir le mal du p.** to be homesick

This is an example of how the word is used (to help you understand the meaning).
To save space, p. is used in this example instead of repeating the word *pays*.
Sometimes you will find this symbol used: ~.

Looking up English words

You have to be very careful when looking up the translation of an English word as it's easy to make mistakes. It is best to use the dictionary just to check on a word which you may have forgotten or to check the spelling or gender.

This is what you might find if you looked up the English word 'mountain'.

n This tells you that it is a noun.

f
This tells you that the French word is feminine (la, une).

mountain [maʊntɪn] *n* montagne *f*; **to make a m. out of a molehill** se faire une montagne de qch; **m. range** chaîne de montagnes; **m. rescue** secours en montagne.

Other words and phrases are listed under the headword 'mountain'.

1 Dans l'ordre alphabétique

Écris ces mots dans l'ordre alphabétique:

cheval   champignon
cerise   chemise
canard   Canada
camion

Puis trouve la bonne catégorie pour chaque mot.

un véhicule   un fruit
un animal   un pays
un oiseau   un légume
un vêtement

	français	anglais	catégorie
1 Ex.	camion	lorry	un véhicule
2			
3			
4			
5			
6			
7			

2 Sur cette page

Souligne les mots qu'on peut trouver sur cette page.

1 chat   3 cheveu   5 choix
2 cheval   4 chien   6 cascade

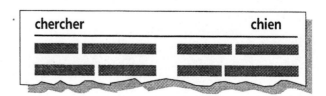

Encore Tricolore 2 nouvelle édition © Honnor, Mascie-Taylor, Nelson Thornes 2001

Encore Tricolore 2

Écoute et parle 🎧

1 À la française

Many words look the same in English and French but they are pronounced differently.

Listen to the French pronunciation of each word and repeat it.

Écoute et répète.

1	accent	**4**	fruit	**7**	pièce
2	chips	**5**	journal	**8**	pot
3	conversation	**6**	organise		

2 Et après?

Écris 1–8. Écoute la lettre et dis et écris la lettre qui suit dans l'alphabet.
1 Ex. ..*b*.., **2** ...., **3** ......, **4** ......, **5** ......, **6** ......, **7** ......, **8** ......

3 Des phrases ridicules

The letter 'c' is soft before e and i and if it has a cedilla (ç).

When the letter 'c' (without a cedilla) is followed by a, o or u, it is pronounced like a k as in 'kick'.

Lis chaque phrase, puis écoute et répète.

Cent cinquante citrons descendent du ciel.

Le curé compte les cartes dans un coin de la cathédrale.

4 Les terminaisons

-ial, -iel

> ❗ These words are usually adjectives.

Écoute, répète et écris la bonne lettre.

Exemple:

(officiel)

1 Ex. ..*d*.., **2** ......, **3** ......, **4** ......, **5** ......, **6** ......

a	essentiel	**c**	glacial	**e**	partiel
b	commercial	**d**	officiel	**f**	spécial

5 Vocabulaire de classe

Écoute et complète le texte.

1 C'est vrai ou **Ex.** ..*faux*.......?
2 Ce n'est .... difficile.
3 Je ne trouve pas mon ....
4 Choisis la .... bulle.
5 Quelle .... la réponse correcte?
6 .... commence?
7 Regardez .... tableau.

6 Des conversations

Écoute les questions et réponds comme indiqué, puis écoute pour vérifier.

1 Les fruits et les légumes
– Qu'est-ce que tu préfères comme fruit?
–

– Est-ce qu'il y a un fruit que tu n'aimes pas?
–

– Et les légumes, tu les aimes?
–

2 On fait des courses
– Où vas-tu d'abord?
–

– D'accord. Alors moi, je vais à l'épicerie. Qu'est-ce que j'achète pour le pique-nique?
–

– Et après, où est-ce que tu m'attends?
–

3 Au tabac
– Bonjour, Mademoiselle. Vous désirez?
–

– Voilà. C'est tout?
–

– Désolé, Mademoiselle, mais je n'en ai plus.
–

– Allez à la poste. Ce n'est pas loin.

Encore Tricolore 2 nouvelle édition © Honnor, Mascie-Taylor, Nelson Thornes 2001

Tu comprends? 🎧

1 Où vont-ils?

Aujourd'hui, Luc et Sandrine vont en ville. Où vont-ils?

Écoute et écris les bonnes lettres.

a

b

c

d

e

f

g

Luc va ici:

Exemple: 1b

1 ....

3 ....

5 ....

Sandrine va ici:

2 ....

4 ....

6 ....

Tous les deux vont ici:

7 ....

2 Qu'est-ce qu'on fait?

Écoute et écris la bonne lettre.

1 Ex. ..b.., **2** ......, **3** ......, **4** ......, **5** ......, **6** ......

1 a On va en ville.
   b On reste à la maison.
   c On fait des courses.

2 On ...
   a mange des fruits.
   b achète des fruits.
   c déteste des fruits.

3 Ils ...
   a montent dans l'autobus.
   b descendent de l'autobus.
   c attendent l'autobus.

4 Caroline ...
   a n'aime pas les bananes.
   b aime bien les pommes, mais préfère les bananes.
   c ne mange pas de pommes.

5 a Mme Dumas achète des croissants.
   b Elle n'aime pas les croissants.
   c Elle mange des croissants.

6 Ils ...
   a n'aiment pas beaucoup les pique-niques.
   b choisissent des choses pour un pique-nique.
   c finissent leur pique-nique.

3 On va acheter ça

Écoute la conversation.
Coche les six choses qu'on va acheter.

1 du pain **Ex.** ✓.....

2 de la confiture ....

3 du beurre ....

4 des tomates ....

5 des pommes ....

6 du jambon ....

7 du fromage ....

8 du lait ....

9 du café ....

10 des chips ....

11 des biscuits ....

SOMMAIRE

Complète le sommaire avec des mots anglais.

1   Some French shops

la boucherie	butcher's
la boulangerie	....
la charcuterie	pork butcher's/ delicatessen
la crémerie	dairy
l'épicerie (f)	....
la librairie	....
le marchand de glaces	ice cream seller
le marchand de légumes/de fruits	greengrocer
la parfumerie	perfume shop
la pâtisserie	....
la pharmacie	chemist's
la poissonnerie	fish shop
le (bureau de) tabac	tobacconist's

2   Shopping

Je voudrais …	I would like …
Avez-vous …?	....
C'est combien?	....

3   Understanding what the shopkeeper says

Vous désirez?	What would you like?
C'est tout?	....
Et avec ça?	Anything else?
Je regrette, mais je n'ai pas de …	I'm sorry, but I haven't any …
Je suis désolé, mais il n'y a plus de …	I'm very sorry, but there isn't any more …

4   Discussing where to go shopping

Où est-ce qu'on peut acheter des timbres?	Where can you buy stamps?
On peut acheter des timbres au tabac.	You can buy stamps at the tobacconist's.

5   Saying there isn't any or there is no more of something

Il n'y a pas de fruits.	....
Il n'y a plus de légumes.	There aren't any vegetables left.

(see page 14)

6   Food and things to buy

une baguette	long French loaf
un biscuit	a (plain) biscuit
des bonbons (m)	....
des chips (m)	....
un concombre	cucumber
des champignons (m)	....
une quiche	quiche
un pain au chocolat	bread roll with chocolate inside
du saucisson	continental sausage
une glace	an ice cream
un timbre	....
un journal	....
un magazine	magazine

7   Saying how much of something you want to buy

une boîte de	a box of, a tin of
une bouteille de	....
100 grammes de	100 g of
250 grammes de	250 g of
un kilo de	1 kg of
un demi-kilo de	half a kilo of
un litre de	1 litre of
une livre de	1 lb of
un morceau de	....
un paquet de	a packet of
une portion de	....
une tranche de	a slice of

8   Money and prices

l'argent (m)	....
un billet	bank note
un cent	a cent
un euro	a euro
la monnaie	small change
une pièce	a coin
un porte-monnaie	....

9   *acheter* (to buy), *préférer* (to prefer), (see page 7)

10   *vendre* (to sell) and some other verbs ending in –re, (see page 8)

attendre	to wait (for)
descendre	to go down, to get off
répondre	....

11   *choisir* (to choose) and some other verbs ending in –ir, (see page 13)

finir	....
remplir	to fill
réussir	to succeed
pâlir	to go pale
rougir	to blush
grossir	to get fat/to gain weight
maigrir	to get thin/to lose weight

Encore Tricolore 2 nouvelle édition © Honnor, Mascie-Taylor, Nelson Thornes 2001

Encore Tricolore 2

Rappel

1 Questions et réponses

A *Complète les questions et les réponses.*

Les questions

1 **Ex.** Comment... tu t'appelles?
2 Quel âge .... -tu?
3 .... habites-tu?
4 C'est une .... ou un village?
5 Est-ce que tu .... la télé dans ta chambre?
6 Tu as des .... et sœurs?
7 .... jour sommes-nous?
8 Est-ce .... tu as un animal à la maison?

Les réponses

a J'habite .... Lodève.
b Je .... 'appelle .... (écris ton nom).
c Non, je n'ai pas de télé, mais .... un lecteur de CD.
d Oui, ... un hamster et deux oiseaux.
e Aujourd'hui, c'.............. jeudi.
f Lodève est une petite .... en France.
g Non, je suis .... unique.
h J'ai treize ....

B *Trouve les paires.*

1 Ex. b...., **2** ...., **3** ...., **4** ...., **5** ...., **6** ...., **7** ...., **8** ....

2 Dans la chambre

Trouve dix choses qui commencent par un 't'.
Exemple: *une télévision*

....
....
....
....
....

3 Mots croisés (les animaux)

Horizontalement

1 Des ...
5 Une ...
6 Regarde ... chien – il est adorable!
7 Un ...
10 Donne ces biscuits ... chien.
11 Le perroquet est ... la chaise.
12 Mon chat s'appelle Noël. Alors, sa f.... est le 25 décembre.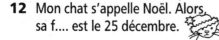

Verticalement

2 Un ...
3 Attention! Il y a un serpent ... la table.
4 Notre cochon d'Inde mange ... fleurs.
6 Un ...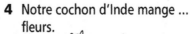
8 Le lapin ... blanc, tout blanc.
9 Mangetout est dans la ...

Encore Tricolore 2 nouvelle édition © Honnor, Mascie-Taylor, Nelson Thornes 2001

ÉPREUVE: Écouter 🎧

A Marie fait les courses

Qu'est-ce qu'elle achète?
Écoute Marie et choisis la bonne lettre.

1 Ex. ..a.., **2** ......, **3** ......, **4** ......, **5** ......, **6** ......, **7** ......

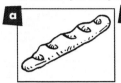  

 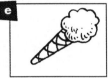

6

B Les quantités

Marie va au marché. Elle achète quelles quantités?
Écoute et choisis la bonne lettre.

1 Ex. ..a.... de chips
2 .... de fromage
3 .... de jambon
4 .... de pommes de terre
5 .... de quiche
6 .... de vin
7 .... de confiture

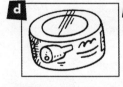  

6

C Ça coûte combien?

Écoute les phrases et coche la bonne case.

1 **a** € 2,30 ☐   **b** € 1,20 ☑ Ex.   **c** € 3,20 ☐

2 **a** € 3,20 ☐   **b** € 4,30 ☐   **c** € 2,30 ☐

3 **a** € 3,60 ☐   **b** € 4,30 ☐   **c** € 2,30 ☐

4 **a** € 2,80 ☐   **b** € 1,70 ☐   **c** € 5,20 ☐

5 **a** € 3,30 ☐   **b** € 1,10 ☐   **c** € 2,10 ☐

6 **a** € 5,90 ☐   **b** € 4,20 ☐   **c** € 2,60 ☐

7 **a** € 3,30 ☐   **b** € 7,90 ☐   **c** € 0,50 ☐

6

D Marie est dans quel magasin?

Écoute et choisis la bonne lettre.

1 Ex. ..a.., **2** ......, **3** ......, **4** ......, **5** ......, **6** ......, **7** ......, **8** ......

ÉPICERIE   BOULANGERIE

BOUCHERIE   LIBRAIRIE

PÂTISSERIE

POISSONERIE   TABAC

7   25

TOTAL

ÉPREUVE: Parler

A *Choisis une conversation: 1 ou 2. Prépare la conversation avec un(e) partenaire, puis travaille avec ton professeur.*

1 *Tu es au marché. Réponds aux questions.*   **2** *Tu es à l'épicerie. Réponds aux questions.*

Pour t'aider

Je voudrais   du/de la/de l'/des ...
              un kilo de/100 grammes de/une boîte de/une bouteille de/un litre de/un paquet de/...
C'est/Ça fait ... euros.

B *Maintenant, prépare une conversation avec un(e) partenaire. Ensuite, travaille avec ton professeur.*

*Bonus (1 point)
Ajoute un ou deux détails sur les choses
que tu aimes.*

TOTAL

ÉPREUVE: Lire

A Au supermarché

Écris la bonne lettre.

1 Ex...*f*..., **2** ......, **3** ......, **4** ......, **5** ......, **6** ......, **7** ......

> **1 confiture,** fraises 370 g € 2.20
>
> **2 poulet fermier** € 2,60 le kilo
>
> **3 concombre,** la pièce € 1,00
>
> **4 jambon,** 12 tranches 265 g € 5,10
>
> **5 champignons** € 2,70 le kilo
>
> **6 chou-fleur,** la pièce € 0,75
>
> **7 thon au naturel,** 3 × 150 g € 3,00

a   b   c   d

e   f   g

$\boxed{\dfrac{}{6}}$

B Monsieur Mally indique le magasin

Trouve les paires.

1 Ex. ..*e*.., **2** ......, **3** ......, **4** ......, **5** ......, **6** ......, **7** ......

1 Si vous voulez du pain,	**a** allez à l'épicerie.
2 Si vous cherchez quelque chose à lire,	**b** allez au tabac.
3 Pour acheter des fruits et des légumes,	**c** allez à la librairie.
4 Pour un timbre,	**d** allez à la charcuterie.
5 Si vous voulez du pâté,	**e** allez à la boulangerie.
6 Si vous voulez acheter du sucre, du beurre etc.,	**f** allez à la boucherie.
7 Pour acheter un poulet,	**g** allez au marché.

$\boxed{\dfrac{}{6}}$

D L'anniversaire de Paul

Lis le texte et encercle la bonne réponse.

JEAN, ALAIN, PIERRE ET PAUL FÊTENT L'ANNIVERSAIRE DE PAUL. JEAN, PIERRE ET ALAIN ACHÈTENT DES PROVISIONS POUR LA FÊTE.

Jean: Je vais acheter des fruits. Paul n'aime pas les pommes et il n'aime pas les poires, mais il aime les bananes. Je vais acheter des bananes.
Alain: Moi, je vais choisir les boissons. Paul n'aime pas le jus de fruits et le coca. Alors, je vais acheter de la limonade.
Jean: Tu achètes combien de bouteilles? On est quatre.
Alain: J'achète trois bouteilles.
Jean: On prend des sandwichs et des chips?
Pierre: Non. Paul adore les hot-dogs et les frites. Je vais acheter quatre hot-dogs et des frites.
Alain: Et il adore le fromage. Je vais acheter deux cent cinquante grammes de fromage.

C C'est bon?

Souligne le mot correct.

1 Je n'aime pas les fruits, alors je prend un morceau de
 a pomme.   **b** melon.   **c** Ex. <u>fromage</u>.
2 Est-ce que vous
 a achetez   **b** entendez   **c** remplissez
 des haricots au marché?
3 Il n'y a plus de pain, alors je vais acheter
 a un chou-fleur   **b** une baguette   **c** un poulet à la
 boulangerie.
4 Mon frère aime les légumes, alors il va acheter
 a des carottes   **b** des bonbons   **c** des timbres
 au marché.
5 Ma sœur n'aime pas les chips, alors elle
 a choisit   **b** écoute   **c** réussit
 une pomme.
6 Pour la récré, nous mangeons
 a de la   **b** de l'   **c** des
 pains au chocolat.
7 Vous ne mangez pas de viande? Alors voilà
 a du saucisson.   **b** du poisson.   **c** du jambon.

$\boxed{\dfrac{}{6}}$

1 C'est quelle occasion spéciale?
 a   (**b**)   Ex. **c**
2 Qui achète des fruits?
 a Jean   **b** Alain   **c** Pierre
3 Il achète quels fruits?
 a   **b**   **c**
4 Qui achète les boissons?
 a Jean   **b** Alain   **c** Pierre
5 Il achète quelle boisson?
 a   **b**   **c**
6 Combien de bouteilles achète-t-il?
 a 2   **b** 3   **c** 4
7 Qu'est-ce que Pierre achète?
 a   **b**   **c**
8 Alain achète quelle quantité de fromage?
 a 150 g   **b** 200 g   **c** 250 g

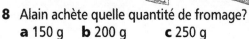

$\boxed{\dfrac{}{7}}$ $\boxed{\dfrac{}{25}}$

TOTAL

Encore Tricolore 2 nouvelle édition © Honnor Nelson Thornes 2001

ÉPREUVE: Écrire et grammaire

A Au club des jeunes

Pour chaque phrase, écris le verbe correct.

1 Je Ex. ..*trouve*..... le club agréable.   (trouve / trouvons / trouvez)
2 Il .... la musique.   (entends / entend / entendent)
3 Ils .... les jeux.   (finis / finissez / finissent)
4 Elle .... les verres.   (remplis / remplit / remplissez)
5 Ils .... des boissons.   (vendent / vend / vendons)
6 Vous .... une activité.   (choisis / choisit / choisissez)
7 Elle .... avec ses amis.   (parle / parlons / parlez)
8 Tu .... une autre activité.   (préfère / préfères / préférez)
9 Vous .... des boissons.   (achète / achetons / achetez)

$\frac{}{8}$

B Une liste

Write a shopping list in French of 5 items for a picnic. List the 5 different shops where you can buy each item.

Liste Magasin

1 Ex. *du pain*   6 *la boulangerie*

2 ....   7 ....

3 ....   8 ....

4 ....   9 ....

5 ....   10 ....

$\frac{}{8}$

C Samedi matin

You go shopping on Saturday mornings. Write 5 or 6 sentences in French. For instance, you could explain which shops you go to, what you buy, what you choose, what you like, what you do not like, what you prefer.

Exemple:
Samedi matin, je vais en ville. Je vais à la boulangerie. J'achète ...

....
....
....
....
....
....
....
....
....
....

$\frac{}{9}$

....
....

$\frac{}{25}$

TOTAL

L'Europe

A *Complète la carte avec les noms des pays.*

B *C'est dans quel pays?*
Exemple: *Amsterdam est aux Pays-Bas.*

Les pays

le Royaume-Uni	l'Allemagne	la Grèce
l'Angleterre	l'Autriche	l'Italie
l'Écosse	la Belgique	le Luxembourg
le pays de Galles	le Danemark	les Pays-Bas
l'Irlande du Nord	l'Espagne	le Portugal
l'Irlande	la France	la Suisse

Les villes

Amsterdam	Copenhague	Luxembourg
Athènes	Dublin	Madrid
Belfast	Édimbourg	Paris
Berlin	Genève	Rome
Bruxelles	Lisbonne	Vienne
Cardiff	Londres	

Les transports

Écris le bon texte pour chaque image.
Exemple: 1e (en bus)

a en avion
b en train
c en bateau
d en moto
e en bus
f en voiture
g en car
h en métro
i à pied
j à vélo
k à mobylette
l à cheval

Des mots croisés (voir et venir)

1 Des mots croisés (voir)

Horizontalement

1 Vous ... Marc et Sophie?
2 Tu ... ta maison d'ici?
4 ... voyons toute la ville d'ici.
7 Est-ce qu'ils ... bien d'ici?

Verticalement

1 Nous ... bien avec le téléscope.
2 ... voyez le grand bâtiment blanc?
3 ... voit son père tous les week-ends.
5 Ma mère ... bien avec ses nouvelles lunettes.
6 ... vois mes grands-parents souvent.

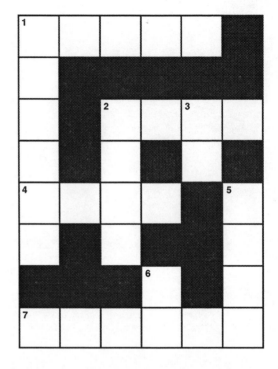

2 Des mots croisés (venir)

Horizontalement

1 Les autres, est-ce qu'ils ... ce soir?
4 ... vient en voiture.
5 D'où ...-tu?
6 Moi, ... viens de Bruxelles, en Belgique.
8 Est-ce que vous ... de Bordeaux?

Verticalement

1 Nous ... au match cet après-midi.
2 Et ta sœur, ... vient aussi?
3 Et toi, ... viens avec nous?
5 Luc ne ... pas – il est malade.
6 Moi, ... viens samedi, mais après le concert.
7 Les autres, est-ce qu'... viennent en bus?

Encore Tricolore 2 nouvelle édition © Honnor, Mascie-Taylor, Nelson Thornes 2001

Des activités

Écris le bon texte pour chaque image.
Exemple: 1c (aller à la pêche)

a faire du camping
b visiter des monuments
c aller à la pêche
d visiter un château
e faire des excursions en car
f jouer au golf

g aller au cinéma
h faire du vélo
i jouer au tennis
j faire de l'équitation
k prendre des photos
l faire des promenades

Projets de vacances

1 aller

Complète le tableau avec le verbe 'aller'.

Je	....	faire du camping	en Allemagne.
Tu	....	faire de l'équitation	en Espagne.
Il/Elle	....	faire de la voile	en Italie.
Nous	....	faire un stage de musique	en Suisse.
Vous	....	jouer au golf	au Canada.
Ils/Elles	....	chanter avec une chorale	au Maroc.

2 Qu'est-ce qu'on va faire?

Complète les phrases. Pour t'aider, regarde la case dans l'activité 1.

1 *Nous* **Ex.** *allons faire du camping en Italie.*

2 *Je* ....

3 *Il* ....

4 *Ils* ....

5 *Tu* ....

6 *Elles* ....

3 On pense aux vacances

Remplis les blancs.

1 Qu'est-ce que tu **Ex.** ...*vas*........... faire pendant les vacances?

2 Où ....-vous exactement?

3 Je .... rendre visite à mon correspondant en Écosse.

4 En février, mes amis .... partir à la montagne.

5 En août, nous .... passer trois semaines à la campagne.

6 Mon correspondant .... venir avec nous.

7 Ma sœur .... travailler dans un hôtel.

8 Est-ce que vous .... au bord de la mer cet été?

9 Je .... acheter un nouveau maillot de bain pour les vacances.

10 Est-ce que tu .... faire du vélo pendant les vacances?

4 Du plus tôt au plus tard

Mets les expressions dans l'ordre (du plus tôt au plus tard).

Ex. *d*, ..., ..., ..., ..., ..., ...

a demain matin
b la semaine prochaine
c le mois prochain
d ce soir
e l'été prochain
f samedi prochain
g demain après-midi

Encore Tricolore 2 nouvelle édition © Honnor, Mascie-Taylor, Nelson Thornes 2001

Voici la France

Écris les noms sur la carte.

Les villes	Les pays	Les fleuves	Les montagnes
Paris	L'Allemagne	La Garonne	Les Alpes
Strasbourg	La Belgique	La Loire	Les Pyrénées
Nice	L'Espagne	Le Rhône	
Bordeaux	L'Italie	La Seine	
Lyon	La Suisse		
Lille			

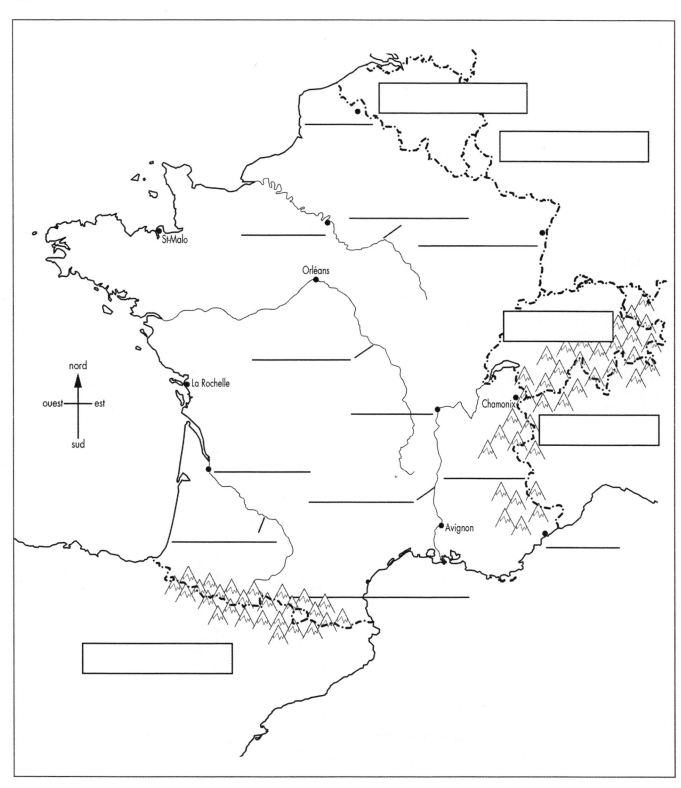

Au val de Loire 🎧

I *Écoute la conversation et coche les activités pour chaque ville.*

Distractions		Chambord	Chaumont	St-Aignan	Montrichard
	visiter des caves				
	aller à la pêche				
	faire des promenades dans la forêt				
	jouer au tennis				
	aller à la piscine				
	faire du camping				
	jouer au golf				
	louer des vélos				
	visiter un château	Ex. ✓			
	faire de l'équitation				
	faire de la voile				

2 Un résumé

Remplis les blancs avec les mots dans la case.
Exemple: 1 vont

Les Lambert **1** .... partir en vacances dans le val de Loire. Ils
2 .... faire du camping. Ils **3** .... les brochures.
Ils cherchent une petite ville où il y a une piscine et où on **4** ....
jouer au tennis. Enfin, ils décident d' **5** .... à Montrichard.
    Là, ils **6** .... faire beaucoup d'activités et, en plus, ils
7 .... visiter le **8** .... de Chenonceaux.

vont	château	peuvent	regardent	aller	vont
peut	peuvent				

3 Des activités sportives

Quelles sont les activités sportives?
Exemple: A

A faire de l'équitation
B faire des courses
C faire de la voile
D faire la cuisine
E faire du vélo
F se reposer
G jouer aux échecs
H jouer au volley
I aller à la pêche
J manger des crêpes

Encore Tricolore 2

Des mots croisés (aller et pouvoir)

1 Des mots croisés (aller)

Horizontalement

1 Nous ... visiter la Suisse en juin.
4 Lucie et Claire, est-ce qu'... vont jouer dans le match?
8 Moi, je ... faire du camping en juillet.

Verticalement

1 Où ...-vous cet après-midi?
2 ... allons aux magasins.
3 Et Pierre, est-ce qu'... va en ville aussi?
5 Mes amis ... jouer au basket au stade.
6 Et toi, tu ... rester à la maison, non?
7 Et Sébastien ... surfer sur le Net.

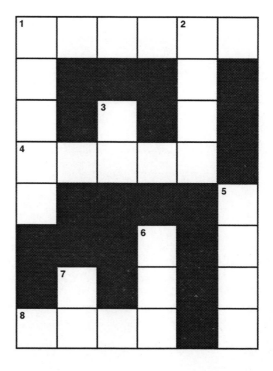

2 Des mots croisés (pouvoir)

Horizontalement

1 Est-ce que nous ... jouer sur l'ordinateur?
4 ... peut prendre l'avion de Dublin à Paris.
5 Et moi, est-ce que je ... regarder une vidéo?
7 Hélène et Sika, est-ce qu'... peuvent venir à la maison, samedi?
9 Je regrette, mais ... ne peux pas venir.
11 Les garçons ... jouer au football cet après-midi.

Verticalement

1 Vous ... prendre l'Eurostar à Paris.
2 ... peut monter au sommet de la montagne en téléphérique.
3 Et ... pouvons descendre la montagne en ski.
6 Si Marc aime le tennis, ... peut jouer avec Daniel.
8 Sophie ne ... pas jouer dans le concert.
10 Et toi, ... peux m'aider avec ce mots croisés?

C'est utile, le dictionnaire!

1 Qu'est-ce que c'est en anglais?

Cherche ces mots dans le dictionnaire et complète la liste.
Puis souligne le mot qui ne va pas avec les autres.

français	anglais
1 une main	Ex. ..hand..........
2 un doigt	....
3 un hérisson	....
4 une jambe	....
5 un genou	....
6 un bras	....

2 C'est quoi en français?

Cherche ces mots dans le dictionnaire et complète la liste.
Puis souligne le mot qui ne va pas avec les autres.

anglais	français
1 an apricot	Ex. ..un abricot..........
2 a peach	....
3 a cherry	....
4 a mushroom	....
5 a pineapple	....
6 a raspberry	....

3 C'est masculin ou féminin?

1 *Normalement, les mots qui se terminent en –eau sont masculins, mais il y a une exception dans cette liste. Cherche dans le dictionnaire et souligne le mot féminin.*

français	m/f	anglais
a oiseau	Ex. ..m.........	bird..........
b cadeau	....	....
c eau	....	....
d manteau	....	....

2 *Normalement, les mots qui se terminent en –ée sont féminins, mais il y a une exception parmi ces mots. Cherche dans le dictionnaire et souligne le mot masculin.*

français	m/f	anglais
a journée	....	....
b année	....	....
c mosquée	....	....
d lycée	....	....

4 Singulier et pluriel

Most nouns form the plural (more than one) by adding –s. Words which already end in –s do not change. However, some words form the plural in a different way. These exceptions are normally shown in the dictionary.

Here is an example:

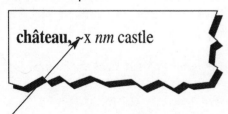

château, ~x *nm* castle

~ This symbol is often used to avoid repeating parts of the word which are the same. The plural in full would be written *châteaux*.

Many words ending in –eau form the plural in this way.

Note down the plural of the words in the list. Can you find other patterns?

singulier	pluriel	anglais
chapeau	Ex. ..chapeaux........	..hats..................
tableau	....	....
animal	....	....
cheval	....	....
journal	....	....
œil	....	....
grand-père	....	....
petit-enfant	....	....

Encore Tricolore 2 nouvelle édition © Honnor, Mascie-Taylor, Nelson Thornes 2001

Écoute et parle 🎧

1 À la française

Many words look the same in English and French but they are pronounced differently.

Listen to the French pronunciation of each word and repeat it.

Écoute et répète.

1	centre	**4**	impatience	**7**	région
2	bus	**5**	monument	**8**	village
3	hockey	**6**	question		

2 Et après?

Écoute le numéro et dis et écris le numéro qui suit.

Ex. ...3.., ..., ..., ..., ..., ..., ..., ...

3 Des phrases ridicules

The letters 'ch' are pronounced like sh as in 'finish'.

The letters 'qu' are pronounced like k as in 'kick'.

Lis chaque phrase, puis écoute et répète.

Le chien cherche les champignons au chocolat sous la chaise.

Je quitte le Québec sur le quai quatre-vingt-quinze.

4 Les terminaisons

-in

Écoute, répète et écris la bonne lettre.

1 Ex. ...d.., **2** ......, **3** ......, **4** ......, **5** ......, **6** ......

a	cousin	**c**	dessin	**e**	enfin
b	dauphin	**d**	destin	**f**	lapin

5 Vocabulaire de classe

Écoute et complète le texte.

1 Voici vos **Ex.** *devoirs*.......
2 Faites l'exercice ...... à la page ....
3 Apprenez le vocabulaire à la page ....
4 C'est pour un contrôle .... prochain.
5 Pouvez-vous .... plus lentement, s'il vous plaît?
6 Pouvez-vous répéter la ...., s'il vous plaît?
7 Est-ce que je peux avoir un ...., s'il vous plaît?

6 Des conversations

Écoute les questions et réponds comme indiqué, puis écoute pour vérifier.

1 Une fête internationale
– D'où vient Stefan?
–  *Berlin, Allemagne*

– Et Maria et Mercedes, d'où viennent-elles?
–  *Madrid, Espagne*

– Comment viens-tu à la fête ce soir?

–

2 Demain
– Qu'est-ce qu'on peut faire demain?

– 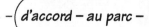 *ou*

– Je veux bien jouer au tennis.

– *d'accord – au parc –*

– Et demain soir?

– CINÉMA

– Oui, bonne idée.

3 Des projets
– Quand vas-tu partir?
– *samedi prochain*

– Où vas-tu aller?
– *Dieppe*

– C'est où exactement?
– *petite ville – dans le nord*

– Comment vas-tu voyager?

–

Tu comprends? 🎧

1 Où sont-ils?

Marion et Sébastien sont à la maison, mais tous leurs amis sont en vacances. Où sont-ils? Écoute leur conversation et complète la grille.

les pays / les personnes	Allemagne	Écosse	Espagne	États-Unis	Irlande	Maroc	pays de Galles	Suisse
1 André et Lucie			✓					
2 Jean-Pierre								
3 Alice								
4 les Simon								
5 Luc								
6 Magali								
7 Daniel								
8 Sophie et Claire								

2 Quand vont-ils rentrer?

Marion et Sébastien parlent de leurs amis qui sont en vacances. Écoute leur conversation et trouve les paires.

1 Ex. ..d.., 2 ......, 3 ......, 4 ......, 5 ......, 6 ......, 7 ......, 8 ......

1	André et Lucie	a	demain
2	Jean-Pierre	b	mardi matin
3	Alice	c	mercredi après-midi
4	les Simon	d	jeudi prochain
5	Luc	e	vendredi soir
6	Magali	f	samedi prochain
7	Daniel	g	dimanche prochain
8	Sophie et Claire	h	la semaine prochaine

3 Les transports au Canada

Écoute et complète le texte.

Salut! Je m'appelle **Martin** et j'habite à Montréal au
1 Ex. .*Canada*..

Comme transports en commun à Montréal, nous avons
le **2** ...., le **3** .... et
le **4** .... Beaucoup de personnes
prennent le **5** ...., surtout en hiver
quand il fait très froid et il neige.

Moi, j'ai un **6** ...., alors j'aime bien
prendre mon **7** .... en été.
C'est bien, parce qu'il y a beaucoup de pistes cyclables ici.
Pendant certaines périodes, on peut aussi transporter son
vélo dans le **8** ....

Je ne prends pas mon vélo pour aller au **9** ....

– c'est trop loin. Je prends le **10** ....
C'est pratique et beaucoup de mes amis prennent le
11 .... aussi.

Quand je vais chez mes grands-parents dans le nord du
Québec, je prends le **12** .... ou le
13 .... Il faut environ trois heures pour
faire le voyage. J'aime bien prendre le **14** ....
parce qu'on peut se déplacer pendant le voyage. On peut
lire ou on peut regarder par la fenêtre.

Cet été, nous allons à Vancouver dans l'**15** ....
du Canada et je vais prendre l'**16** ....
pour la première fois.

SOMMAIRE

Complète le sommaire avec des mots anglais.

1 Talking about different countries in Europe

l'Allemagne (f)	....
l'Angleterre (f)	England
l'Autriche (f)	Austria
la Belgique	Belgium
le Danemark	Denmark
l'Écosse (f)	....
l'Espagne (f)	....
la France	France
la Grèce	Greece
l'Irlande (f)	Ireland
l'Irlande du Nord (f)	Northern Ireland
l'Italie (f)	Italy
les Pays-Bas (m pl)	the Netherlands
le pays de Galles	....
le Portugal	Portugal
le Royaume-Uni	UK
la Suisse	Switzerland

2 ... and elsewhere

le Canada	Canada
les États-Unis (m pl)	....
le Maroc	Morocco
le Sénégal	Senegal

3 Talking about different means of transport

(en) bus (m)	(by) bus
(en) avion (m)	(by) ....
(en) bateau (m)	(by) ....
(en) car (m)	(by) ....
(en) métro (m)	(by) underground
(en) taxi (m)	(by) taxi
(en) train (m)	(by) train
(en) voiture (f)	(by) ....
(à/en) moto (f)	(by) motorbike
(à) pied (m)	(on) ....
(à) vélo (m)	(by) ....
(à) mobylette (f)	(by) mobylette
(à) cheval (m)	(on) horseback

4 Saying what you are going (or not going) to do, (see also page 24)

Je vais passer une semaine en Écosse.	I'm going to spend a week in Scotland.
On ne va pas prendre la voiture.	We're not going to take the car.

5 Saying when you are going to do something

demain	....
ce soir	this evening
lundi (mardi etc.) prochain	next Monday (Tuesday etc.)
la semaine prochaine	next ....

6 Talking about towns and villages

C'est ...	It's ...
une grande ville	a large town
une ville moyenne	a medium-sized town
une petite ville	a small town
un village	a village
dans le nord	in the north
dans le sud	in the ....
dans l'est	in the east
dans l'ouest	in the ....
au centre	in the centre
à la campagne	in the country
à la montagne	in the mountains
sur la côte	on the ....
près de ...	near ...

7 Talking about what you can (or can't) do

Qu'est-ce qu'on peut faire ici/ dans la ville/dans la région?	What can you do here/in the town/ in the region?
On peut visiter le château.	You can visit the castle.
Est-ce qu'on peut faire du ski?	Can you go skiing?
Non, on ne peut pas faire ça.	No, you can't do that.

8 Asking permission

Est-ce que je peux jouer sur l'ordinateur?	Can I play on the ....

9 Using the correct preposition with towns and countries, (see page 21)

10 *voir* (to see), (see page 21)

11 *venir* (to come), (see page 23)

12 Using the verb *aller* + infinitive to say what you are going to do, (see page 24)

13 Using the verb *pouvoir* + infinitive to say what you can or are able to do, (see page 27)

Rappel

1 C'est quel numéro?

Écris en chiffres le numéro correct.

1 Il y a **Ex.** ..60.... minutes dans une heure.

2 Il y a .... jours dans une semaine.

3 Il y a .... mois dans l'année.

4 Il y a .... heures dans un jour.

5 Il y a .... lettres dans l'alphabet.

6 Il y a .... mètres dans un kilomètre.

7 Il y a .... trous sur un terrain de golf.

8 Il y a .... joueurs dans une équipe de football.

2 Et ensuite?

Écris en chiffres le numéro qui suit.

trois **Ex.** ....4..., sept ...., dix ...., quinze ....,
dix-neuf ...., vingt-cinq ...., quarante et un ....,
cinquante-six ...., quatre vingt treize ....,
quatre vingt dix-neuf ....

3 Un ordinateur

Complète les mots.

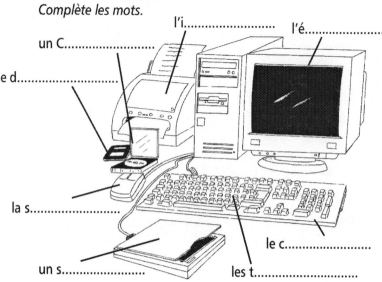

l'i.................

l'é.................

un C.................

une d.................

la s.................

un s.................

le c.................

les t.................

4 Un message

Barre les nombres pour trouver le message.

**cinqdixrendez-vousneufseizeàtrente-
troislaquarante-deuxcantinequatre-vingt-
deuxàcentcinquante-neuflavingtrécré**

....

5 Mots croisés (au collège)

Horizontalement

1 Cet appareil est nécessaire pour regarder les vidéos.

3 C'est pour garder les feuilles.

7 Le prof ... « bonjour » quand il entre dans la salle de classe.

9 ... y a beaucoup de livres dans la bibliothèque.

11 Il y a une grande ... dans la salle de classe.

13 ... rétroprojecteur est sur la table.

15 Pour les cours de sciences, nous allons dans le ...

Verticalement

2 Nous travaillons souvent sur ...

3 On écrit des notes dans un ...

4 Pour faire de la gymnastique nous allons ... gymnase.

5 J'ai toutes mes affaires scolaires dans un grand ... à dos.

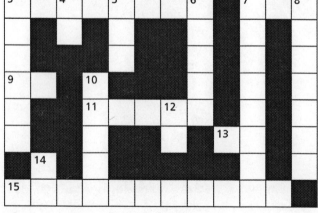

6 Pour souligner des mots, j'utilise une ...

8 Le prof écrit une liste de mots au ...

10 Pour écrire, j'utilise un ...

12 Pendant la récréation, nous sortons dans ... cour.

14 Quand on fait trop de bruit en classe, le prof dit, « ... suffit! »

ÉPREUVE: Écouter 🎧

A Les moyens de transport

Écoute. C'est quel moyen de transport? Écris la lettre correcte.

1 Ex. ..*a*.., **2** ......, **3** ......, **4** ......, **5** ......, **6** ......, **7** ......

─ 6

B Nos vacances en France

Écoute. C'est quelle activité? Écris la lettre correcte.

1 lundi **Ex.** ..*f*...
2 mardi ....
3 mercredi ....
4 jeudi ....
5 vendredi ....
6 samedi ....
7 dimanche ....

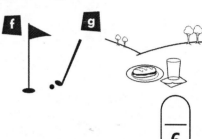

─ 6

C C'est quelle ville/quel village?

Écoute et écris la bonne lettre dans la case.

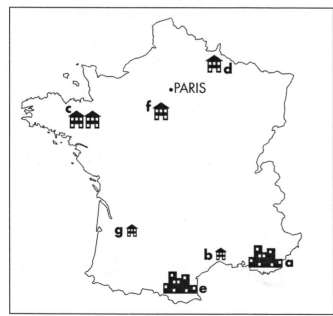

1 Marseille = *a* **Ex.**	**5** Beaugency = ☐
2 Lorient = ☐	**6** Palavas = ☐
3 Perpignan = ☐	**7** Montflanquin = ☐
4 Charleville-Mézières = ☐	

─ 6

D Un coup de téléphone

Annette reçoit un coup de téléphone de son amie française, Sylvie.
Écoute et coche la bonne case.

1 Sylvie dit qu'...
  a il fait beau. ☐ **b** il pleut. ☐ **c** il fait froid. ☑ **Ex.**
2 Annette va en France ...
  a demain. ☐
  b la semaine prochaine. ☐
  c le week-end. ☐
3 Senez est ...
  a un village à la montagne. ☐
  b une ville dans le sud. ☐
  c près de l'Espagne. ☐
4 Annette peut ...
  a aller à la plage. ☐
  b ranger sa chambre. ☐
  c faire du ski. ☐
5 Annette ne peut pas ...
  a aller à la plage. ☐
  b ranger sa chambre. ☐
  c faire du ski. ☐

─ 7

6 Annette va aller ...
  a en Italie. ☐ **b** à Rome. ☐ **c** à la plage. ☐
7 Annette et Sylvie vont voyager ...
  a en car. ☐ **b** en train. ☐ **c** en voiture. ☐
8 Annette ne va pas ...
  a en Italie. ☐ **b** à Rome. ☐ **c** faire du ski. ☐

─ 25

TOTAL

ÉPREUVE: Parler

A *Choisis une conversation: 1 ou 2. Prépare la conversation avec un(e) partenaire, puis travaille avec ton professeur.*

1 *Tu parles avec un ami de tes vacances. Réponds aux questions.*

2 *Tu parles avec un ami. Réponds aux questions.*

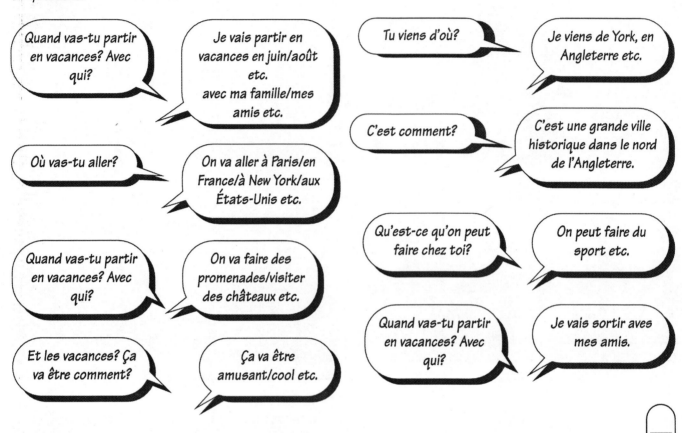

Quand vas-tu partir en vacances? Avec qui?

Je vais partir en vacances en juin/août etc. avec ma famille/mes amis etc.

Où vas-tu aller?

On va aller à Paris/en France/à New York/aux États-Unis etc.

Quand vas-tu partir en vacances? Avec qui?

On va faire des promenades/visiter des châteaux etc.

Et les vacances? Ça va être comment?

Ça va être amusant/cool etc.

Tu viens d'où?

Je viens de York, en Angleterre etc.

C'est comment?

C'est une grande ville historique dans le nord de l'Angleterre.

Qu'est-ce qu'on peut faire chez toi?

On peut faire du sport etc.

Quand vas-tu partir en vacances? Avec qui?

Je vais sortir aves mes amis.

12

B *Maintenant, prépare une conversation avec un(e) partenaire. Ensuite, travaille avec ton professeur.*

Les élèves de ce collège. Comment viennent-ils au collège?

Ils viennent au collège ...

Quel moyen de transport préfères-tu? Quand?

Je préfère ... quand ...

Qu'est-ce qu'on peut faire dans ta ville/région?

Dans ma ville/région, on peut ...

Qu'est-ce que tu vas faire ce week-end?

Je vais ...

Bonus (1 point)
Ajoute un ou deux détails sur ta ville/région ou ton week-end.

 13 25

TOTAL

Encore Tricolore 2 nouvelle édition © Nelson Thornes 2001

ÉPREUVE: Lire

A Mes projets en vacances

Lis cette carte postale.

> lundi, le 10 juin, 11h du matin
>
> Salut!
>
> Me voici en Espagne. C'est super! Il fait beau et il y a beaucoup de choses à faire! Ce matin, je suis à la piscine et cet après-midi, je vais faire de l'équitation. Ce soir, je vais jouer au golf. Demain matin, je vais faire de la voile – j'adore la voile – et l'après-midi, je vais aller à la pêche. Mercredi matin, je vais jouer au tennis et plus tard, on va regarder un match de football etc. etc. Quelles vacances!
>
> Adèle

Complète le programme d'Adèle.

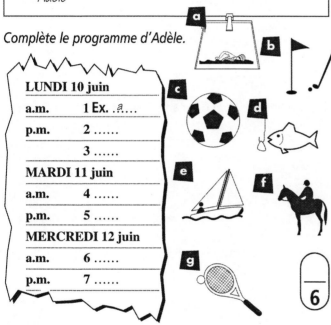

LUNDI 10 juin	
a.m.	1 Ex. ..a....
p.m.	2 ......
	3 ......
MARDI 11 juin	
a.m.	4 ......
p.m.	5 ......
MERCREDI 12 juin	
a.m.	6 ......
p.m.	7 ......

(6)

B Des questions et des réponses

Trouve les paires.

Ex. 1 ..b.., 2 ......, 3 ......, 4 ......, 5 ......, 6 ......, 7 ......

(6)

1 Quand vas-tu louer un vélo?	**a** Il va à la mer.
2 Où va Marc pour faire de la voile?	**b** Demain matin.
3 Tu vas téléphoner à ta copine?	**c** Non, ils vont jouer au tennis.
4 Tu peux venir me voir dimanche?	**d** Oui, je vais appeler ce soir.
5 Qu'est-ce que tu vas faire vendredi?	**e** Bien sûr. Vers trois heures?
6 Est-ce qu'on peut jouer au golf à Amboise?	**f** Je vais aller à la pêche.
7 Françoise et Luc restent à la maison?	**g** Oui, on peut faire tous les sports dans cette ville.

C On cherche des correspondant(e)s

Bonjour! Je m'appelle Marc et j'habite aux États-Unis. Je recherche des correspondants dans le monde entier.

Salut. Je m'appelle Sandrine. Mon meilleur ami, c'est mon cheval. Je l'adore. J'ai aussi un serpent.

Bonjour. Je m'appelle Jean. J'adore le basket et le foot. Et le hockey et le cricket. Je cherche des copains et des copines comme moi.

Salut. Je m'appelle Christine. Je recherche des correspondants dans le monde entier. J'aime visiter les pays étrangers.

Bonjour. Je m'appelle Pierre. J'adore le chant et je joue de la trompette. Je cherche des amis. À vos claviers!

Salut. Je m'appelle Sophie et je parle français, espagnol et russe. Je veux correspondre avec des jeunes d'Allemagne parce que je veux apprendre l'allemand.

Bonjour. Je m'appelle Marie et je passe mes journées à lire. Des magazines, des journaux, des romans. Si tu es comme moi, écris-moi!

Écris le nom de la personne correcte.

1 Qui aime le sport? Ex. ..Jean..
2 Qui aime la lecture? ....
3 Qui aime les animaux? ....
4 Qui habite en Amérique du nord? ....
5 Qui aime la musique? ....
6 Qui aime voyager? ....
7 Qui aime les langues? ....

(6)

D Monsieur Giroux part en vacances

Remplis les blancs aves un mot de la liste.

La semaine **1** Ex. ..prochaine.. Monsieur Giroux part en vacances! Formidable! Il va **2** ...... Paris. Paris est **3** ...... France. Il va à la gare en taxi, puis il prend le train à Douvres. Il traverse la Manche en **4** .... À Calais, il va **5** .... une voiture et il part pour Paris. À Paris, il **6** ...... voir des monuments fantastiques. Sa copine habite à Tours et elle **7** .... le voir à Paris. Ils **8** .... visiter la Tour Eiffel ensemble.

prochaine	**dernière**	**viens vient**
à en au	**bateau vélo**	
louer vendre	**vais va vont**	

(7) (25)

TOTAL

ÉPREUVE: Écrire et grammaire

A Les activités

Pour chaque phrase, copie le verbe correct.

Exemple:

1 Je .vais... jouer sur l'ordinateur.
(vais / allez)

2 Nous .... en vacances en avion.
(va / allons)

3 Ils .... jouer au football.
(va / vont)

4 Il .... demain en car.
(viens / vient)

5 Tu .... lundi à trois heures?
(viens / venez)

6 Elles .... à la fête.
(venons / viennent)

7 Je .... téléphoner?
(peux / peut)

8 Vous .... visiter la ville.
(pouvons / pouvez / peuvent)

9 Ils .... aller au parc à vélo.
(peut / peuvent)

8

B Le week-end

Write 6 sentences in French about your activities this coming weekend.

- *Write 3 things that you are going to do.*
- *Write 3 things that you can do.*

Pour t'aider

Je	vais	aller à la piscine.
	peux	ranger ma chambre.
		prendre des photos.
		aller à la pêche.
		jouer sur l'ordinateur.
		faire du vélo.
		visiter la ville.

8

C Mes vacances

You are on holiday in Germany. Write a postcard in French of about 40 or 50 words to your French friend.

Mention:
- *who you are with*
- *the weather*
- *where you are*
- *two details of the place where you are, e.g. its size, is it north or south etc.*
- *one activity that you can do*
- *one activity that you are going to do.*

Exemple:

Cher Paul,
Je suis en vacances en Allemagne avec mes parents. Il fait très beau. On est dans un camping près d'un lac ...

....

....

....

....

....

....
9

....

....

....

25
TOTAL

La page des jeux

1 Une règle

ginformatiqueyfrançaismsciencesngéographieatechnologiesmathse

A *Trouve six matières.*

1 ....
2 ....
3 ....

4 ....
5 ....
6 ....

B *Avec les lettres qui restent écris le nom d'une salle.* ....

2 Les mots mêlés

Trouve ces mots en français dans la grille et complète la liste.

anglais	français
1 lesson	**Ex.** *cours*
2 homework	....
3 school	....
4 pupil	....
5 gym (room)	....
6 computer	....
7 swimming pool	....
8 teacher	....
9 (morning or afternoon) break	....
10 uniform	....

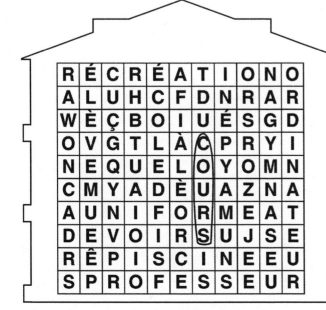

3 Deux acrostiches

A *Écris le mot français.*

1 library
2 science lab.
3 club
4 canteen
5 (sports)ground
6 school for pupils aged 11–15
7 school yard, grounds

B *Écris le mot français.*

1 classroom
2 music
3 English
4 art
5 science
6 German
7 history
8 chemistry

Deux mots croisés

1 lire, dire, écrire

Horizontalement

1 Qu'est-ce que vous ...? (lire)
5 ... décrit son collège dans sa lettre.
8 ... relisent « Harry Potter à l'école des sorcières ».
9 Nous ... un e-mail à nos amis au Canada. (écrire)
11 ... décris ma maison.
12 Comment? Qu'est-ce que tu ...? (dire)
14 ... écris souvent à ton correspondent?
16 ... lit une BD.
17 Qu'est-ce qu'ils ...? (dire)

Verticalement

1 Tu ... ce livre d'Astérix?
2 ... écrit toujours en anglais?
3 Et toi, tu ... en français? (écrire)
4 Est-ce que ... écrivez des e-mails quelquefois?
6 Nous ... des poèmes en anglais. (lire)
7 Qu'est-ce que vous ...? (dire)
9 Il ... un poème. (écrire)
10 Je ... souvent des magazines pour les jeunes.
12 On ... qu'il va faire beau demain. (dire)
13 ... relit la lettre en silence.
15 ... lis beaucoup.

2 prendre, apprendre, comprendre

Horizontalement

1 Vous c... la question?
5 ... apprend le français et l'allemand comme langues vivantes.
7 Non, ... ne comprends pas.
8 Ton frère, est-ce qu'... apprend la trompette?
9 Vous p... le bus en ville?
10 Et toi, qu'est-ce que ... prends comme boisson?
11 Cette année, ... apprenons l'informatique.
12 Elle p... un jus de fruit.
14 ... ne comprennent pas bien l'anglais.
15 Ils a... le piano.

Verticalement

1 Est-ce que tu c... ce que je dis?
2 ... apprend l'espagnol, mais pas l'anglais.
3 Nous p... l'avion à Rome cet été.
4 Tes sœurs, est-ce qu'... comprennent l'italien?
6 Et toi, qu'est-ce que tu a... comme sciences?
7 Moi, ... n'apprends pas d'instrument.
13 Mon amie Lucie, ... apprend la flûte.

L'interview d'un boulanger

Monsieur Dhomé, vous êtes boulanger à La Rochelle.
Quand est-ce que vous commencez le travail?

Je commence le travail à deux heures du matin.

À deux heures? Alors, vous vous levez de bonne heure?

Oui. Je me lève vers une heure et demie du matin.

Et qu'est-ce que vous faites pour commencer?

Eh bien, je commence par préparer la pâte à pain. Puis je mets la pâte au four.

Et ça reste combien de temps au four?

Une baguette reste dans le four vingt à vingt-cinq minutes.

Le magasin ouvre à quelle heure?

À sept heures et demie, donc le pain est encore chaud. Les gens aiment bien manger du pain chaud.

Quels sont les pains les plus populaires?

Les baguettes sont très populaires et les pains de deux livres, les ficelles aussi. Nous vendons des ficelles surtout aux hôtels à La Rochelle. Et nous faisons aussi des croissants et des pains au chocolat.

Vous faites de la pâtisserie aussi?

Oui, un peu. Quelquefois, je fais des tartes aux fraises, par exemple.

Et vous travaillez jusqu'à quand?

Moi, je travaille jusqu'à dix heures, onze heures, midi. Ça dépend des jours.

Et vous vous couchez de bonne heure, le soir?

Oui, je me couche après le repas du soir, vers huit heures et demie.

Et vous faites ça tous les jours?

Tous les jours sauf le dimanche. Le dimanche, c'est mon jour de congé.

1 À quelle heure?

Exemple: 1 *à 1h30 du matin*

1 Monsieur Dhomé se lève

....

2 Il commence à travailler

....

3 Le magasin ouvre

....

4 Monsieur Dhomé finit son travail

....

5 Il se couche

....

2 Trouve les mots

1 un appareil où on fait cuire le pain

....

2 un pain populaire

....

3 Trouve le contraire

1 se coucher ....

2 tard ....

3 un jour de travail ....

4 finir ....

5 minuit ....

6 fermer ....

7 beaucoup ....

8 froid ....

Reflexive verbs

Écris le bon texte pour chaque image.
Exemple: 1b (je me réveille)

a tu te lèves?
b je me réveille
c elles s'ennuient
d ils se baignent
e il s'arrête

f nous nous reposons
g elle s'habille
h vous vous dépêchez?
i il se lave
j ils s'amusent

Encore Tricolore 2 nouvelle édition © Honnor, Mascie-Taylor, Nelson Thornes 2001

La famille Guille

1 Benoît et Fabien

Je m'appelle Karine Guille et j'ai deux frères. Je m'entends bien avec mes frères, mais ils sont très différents.
Mon frère aîné, Benoît, est fermier et il aime bien la vie à la campagne. Il se couche tôt et il se lève tôt.
Mon autre frère s'appelle Fabien. Il est étudiant et il préfère la ville.
Fabien et moi, nous passons nos vacances à la ferme de Benoît.

Lis les phrases et décide si on parle de Benoît (B) ou de Fabien (F). Puis souligne les verbes pronominaux ('reflexive verbs').

Exemple: 1 Il s'ennuie à la campagne. F

1 Il s'ennuie à la campagne. ☐
2 Il se réveille très tôt et il se lève vite, parce qu'il y a beaucoup de travail à la ferme. ☐
3 Il se lève tard, parce qu'il est en vacances. ☐
4 Il s'intéresse beaucoup à la ferme. ☐
5 Il se couche tôt ... entre neuf heures et neuf heures et demie. ☐
6 Le soir, il regarde la télé jusqu'à minuit ou plus tard. ☐
7 Il se couche tard, souvent après minuit. ☐
8 Le soir, il se repose un peu, mais souvent, il répare ses machines. ☐
9 Avant le petit déjeuner, il s'occupe des animaux de la ferme. ☐

2 Complète les phrases

A Karine

1 Chez moi, je **Ex.** *me réveille*........ normalement vers sept heures et demie. (se réveiller)
2 Je .... vers sept heures cinquante, je .... et je .... (se lever, se laver, s'habiller)
3 Je ....……........ pour arriver au collège à l'heure. (se dépêcher)
4 Je .... bien à la ferme. (s'amuser)

B Fabien

1 À la maison, Fabien **Ex.** *.se lève....* vers huit heures. (se lever)
2 Il .... et il .... en jean et en pull. (se laver, s'habiller)
3 Le soir, il .... vers onze heures. (se coucher)
4 Mais, pendant les vacances, il .... et il .... beaucoup plus tard. (se lever, se coucher)

3 Complète le tableau

je .... repose	nous nous reposons
tu .... reposes	vous vous ....
il se	ils .... reposent
elle	elles se ....

4 Une liste des verbes

Complète la liste. Cherche dans le dictionnaire, si nécessaire.

français	anglais
s'amuser	....
s'appeler	....
s'arrêter	....
s'ennuyer	....
s'entendre	....
se dépêcher	....
....	*to go to bed*
s'habiller	....
s'intéresser à	....
....	*to get washed*
se lever	....
s'occuper de	....
se promener	*to go for a walk*
se reposer	....
....	*to wake up*
se trouver	....

La routine du matin

1 Mélanie

Écris une phrase pour les images 1 à 5.

Exemple: 1 *Mélanie se réveille.*

1 ....
2 ....
3 ....

4 ....
5 ....

2 Une journée de travail

Anne Lenôtre est présentatrice à la radio. Elle commence son travail à sept heures du matin, donc elle doit se réveiller très tôt. Complète ses phrases.

Exemple: 1 Je ...*me réveille*... à ...*cinq heures*......

1 Je .... à ....

2 Je .... à ....

....

3 Pour mon petit déjeuner, je prends ....

....

....

4 Je .... Je mets un ....

et un ....

5 Je vais au studio en ....

6 Le trajet dure ....

Encore Tricolore 2 nouvelle édition © Honnor, Mascie-Taylor, Nelson Thornes 2001

J'aime lire

1 Des enfants vraiment « branchés »

Les écoles dans les petits villages se sentent quelquefois un peu isolées, mais dans l'école primaire d'un village de 308 habitants, en Tarn-et-Garonne, ce n'est plus le cas. Les 23 élèves de cette école sont toujours en contact avec le monde, car ils sont tous branchés sur Internet. Avec leur professeur, ils ont créé un site Web où ils écrivent un journal de l'école que les enfants d'autres pays peuvent lire. Dans le journal, ils mettent des poèmes, des histoires, des petits articles et même le menu de la cantine qu'ils changent tous les jours. Sur Internet, ils discutent avec les élèves d'autres écoles et quelquefois, ils organisent des projets ensemble. D'autres classes envoient des articles etc. à leur site et ils en font un CD-Rom.

Écris V (vrai) ou F (faux).

1 Les enfants de ce village se sentent très isolés. ☐
2 Les élèves de cette école primaire travaillent beaucoup sur les ordinateurs. ☐
3 Le prof de cette école ne s'intéresse pas beaucoup à Internet. ☐
4 Les enfants aiment écrire des choses pour Internet. ☐
5 Quelquefois, ils font des projets avec les élèves d'autres écoles. ☐

2 Une matière pas comme les autres!

Dans la petite ville de Marciac, au sud-ouest de la France, les élèves du collège apprennent les maths, le français, les sciences, les langues etc., comme dans tous les collèges, en effet. Mais dans cette école, il y a une autre matière très populaire – le jazz. Beaucoup des élèves jouent d'un instrument et ils font cinq heures de musique par semaine en plus des cours normaux. Le principal du collège est aussi le fondateur d'un festival très célèbre, « Jazz in Marciac ». On vient de loin pour entrer dans ce collège et la majorité des enfants sont pensionnaires – ils disent que c'est très amusant, très cool! Il y a même un élève qui habite très près de l'école, qui a choisi, comme cadeau de Noël, d'être pensionnaire comme ses amis!

Remplis les blancs.

1 Marciac est une Ex. *petite ville* au .... de la France.
2 Les joueurs d'instruments font .... heures de musique par ....
3 Beaucoup d'élèves sont .... , parce qu'ils viennent de ....
4 Ils trouvent que c'est très .... d'être pensionnaire.
5 La matière pas comme les autres est ....

3 C'est lundi – un jeu de logique

A *Lis la description et complète l'emploi du temps de Michel pour lundi.*

C'est aujourd'hui lundi. Au collège Voltaire, les cours commencent à 8h40 et finissent l'après-midi à 17h15. Le premier cours dure une heure. Le matin, il y a dix minutes pour la récréation, qui commence à 10h40.

Le troisième cours dure une heure. La pause-déjeuner commence à 12h45 et dure une heure et demie. Le prochain cours dure une heure.

La récré de l'après-midi dure dix minutes aussi et commence à 16h05.

Le lundi, Michel a français comme premier cours. Son dernier cours de la journée est biologie, mais il rentre à la maison après ça – au commencement de la récré de l'après-midi. Avant la biologie il a son cours préféré – c'est technologie. Il n'aime pas beaucoup le matin, parce que, après la récréation, il a presque deux heures de maths. Il y a un autre cours qu'il aime, le lundi – c'est l'EPS, juste avant la récréation du matin.

LUNDI		
8h40	– Ex. *9h40*	....
....	–	....
10h40	–	....
....	–	....
12h45	–	....
....	–	....
....	–	....
16h05	–	....
....	–	....

B *Réponds aux questions.*

1 Le français finit à quelle heure? ....
2 À quelle heure finissent les cours de maths? ....
3 Michel a combien de cours différents, le lundi? ....
4 La technologie finit à quelle heure? ....
5 Il y a combien de récréations, le lundi? ....
6 Qu'est-ce que Michel préfère: la technologie ou les maths? ....

vouloir et pouvoir

1 Le jeu des définitions

A *Complète la définition.*
B *Souligne les infinitifs.*
C *Trouve la bonne réponse dans la case.*

la bibliothèque	le café
le cinéma	un gymnase
New York	une pâtisserie
la plage	le supermarché

1 On Ex. ..*peut*.... faire de la gymnastique ici. Ex. ..*un gymnase*.....
2 On va là-bas si on v........................ acheter un gâteau. ....
3 Dans cette ville, vous p........................ voir la statue de la Liberté. ....
4 Si vous v........................ voir un film, venez ici. ....
5 Les touristes p........................ se baigner et se reposer au soleil ici. ....
6 Les élèves viennent ici s'ils v........................ consulter ou lire des livres. ....
7 Si vous v........................ acheter des provisions, nous p........................ aller là-bas. ....
8 Si nous ne v.................... pas manger à la cantine, nous p.................... manger un sandwich ici. ....

2 Des expressions utiles

A *Avec pouvoir*

français | **anglais**

1 Est-ce que je .... la télé? | *Can I watch TV?*
2 Est-ce que tu .... m'aider? | *Can you help me?*
3 P............................-vous me ....? | *Can you phone me?*
4 Désolé, mais je ne .... pas .... | *Sorry, but I can't come.*
5 Je ne .... pas entendre. | *I can't hear.*
6 Est-ce qu'on .... aller à Paris en train d'ici? | *Can you go to Paris by train from here?*

B *Avec vouloir*

1 Qu'est-ce que vous .... faire ....? | *What do you want to do tomorrow?*
2 Qu'est-ce que tu .... ce soir? | *What do you want to do this evening?*
3 Je voudrais .... le nouveau .... | *I would like to see the new film.*
4 Qui .... au cinéma? | *Who wants to go the cinema?*
5 Moi, je .... bien. | *I want to. (I'd really like to.)*
6 Les autres .... v............................ .... faire ça. | *The others don't want to do that.*

3 Des phrases

Invente des phrases.

1 Je ne peux pas ....
2 Je ne veux pas aller ....
3 Est-ce que je peux sortir ....
4 Si tu veux faire du shopping, nous pouvons aller ....
5 S'il fait beau, nous pouvons jouer au ....
6 Les autres ne veulent pas ....

Encore Tricolore 2 nouvelle édition © Honnor, Mascie-Taylor, Nelson Thornes 2001

devoir

1 Qui va au cinéma?

Lis la conversation et réponds aux questions.

Marc: Claire, est-ce que tu vas au cinéma, samedi?
Claire: Non, Marc, je dois rester à la maison avec ma petite sœur.
Marc: Et toi, Jonathan, tu dois rester à la maison aussi?
Jonathan: Non, Marc. Moi, je peux aller au cinéma avec toi. Est-ce que Nicole vient aussi?
Marc: Non, elle doit aller chez le dentiste.
Jonathan: Et Luc et André, est-ce qu'ils viennent?
Marc: Non, ils doivent aller chez leurs grands-parents.
Jonathan: Et Lucie et Sophie?
Marc: Non, elles doivent finir leurs devoirs. Et vous, Thomas et Camille, vous devez travailler aussi?
Thomas: Oui, nous devons travailler au supermarché.

Exemple: 1 *Thomas et Camille*

1 Qui doit travailler au supermarché?

....

2 Qui doit aller chez leurs grands-parents?

....

3 Qui doit faire du baby-sitting?

....

4 Qui doit aller chez le dentiste?

....

5 Qui doit faire ses devoirs?

....

6 Qui peut aller au cinéma? (deux personnes)

....

2 Dossier-langue

The verb *devoir* means 'to have to, must'.
It also has a second meaning 'to owe'.

Tu me dois 3 euros pour la place au cinéma.
You owe me 3 euros for the cinema ticket.

Look at **1 Qui va au cinéma?** again and see what you can find out about *devoir*.
Is it a regular verb?
What is it often followed by?

Find the missing parts to complete this table.

je	nous ....
tu	vous ....
il/elle/on	ils/elles ....

3 Français–anglais

Trouve les paires.

1 Tu dois absolument voir ce film.
2 Je dois rentrer à dix heures.
3 On doit apprendre ce vocabulaire pour un contrôle, mardi.
4 Il n'y a plus de lait, alors nous devons passer par le supermarché.
5 Ils doivent ranger leur chambre.
6 Vous devez descendre ici pour le cinéma.
7 Elles doivent rendre leurs livres à la bibliothèque.

a There's no more milk so we'll have to stop at the supermarket.
b You have to get off here for the cinema.
c We have to learn this vocabulary for a test on Tuesday.
d They have to tidy their room.
e I have to be home at ten o'clock.
f They have to return their books to the library.
g You really must see this film.

4 Au travail!

Tout le monde doit aider à la maison. Mais qui fait quoi?
Exemple: 1 *Papa doit laver la voiture.*

1 Papa laver la voiture.

2 Maman faire la cuisine.

3 Moi, je ranger ma chambre.

4 Mon frère passer l'aspirateur.

5 Mes sœurs préparer le pique-nique.

6 Nous travailler dans le jardin.

7 Toi, tu aider dans la cuisine.

8 Et vous, Henri et Claude, vous faire la vaisselle.

C'est utile, le dictionnaire!

1 Looking up verbs

A verb is a word that describes what things or people are doing, such as 'she plays' *(elle joue)*, 'he works' *(il travaille)*. Verbs can also describe the state of things, e.g. 'it's fine' *(il fait beau)*, 'they are French' *(ils sont français)*, 'I have two brothers' *(j'ai deux frères)*.

In a dictionary, verbs are listed under the infinitive. This is the standard form of the verb, the part that never changes. It is translated by 'to ...' in English, e.g. to play, to eat.

This is the infinitive of the verb, so you need to know how the verb goes in different forms in order to use it.

This is what you might find if you looked up the regular French verb *jouer*.

If you look up an irregular verb, you are given more information about how the verb goes, e.g.

pouvoir [puvwar] *vtr* (*pr* **je peux, tu peux, il peut, ils peuvent**) to be able, can, **je ne peux pas le faire** I can't do it; **on n'y peut rien** it can't be helped; **il n'en peut plus** he's exhausted

pr
You are given the irregular forms of the present tense (you are often given examples of other tenses as well).

vtr
This tells you it is a verb. It's important to find this symbol, because there is also a word *le pouvoir*, a noun, meaning 'power'.

vi
This tells you that the word is a verb. You might also see *vtr*. Don't worry about the extra letters; as long as there's a *v*, it's a verb.

(a), (b), (c)
These are slightly different meanings of the word; the most common is usually given first. To check that you have chosen the correct meaning, look up the English word in the English–French section.

jouer [ʒwe] *vi* **(a)** to play; **(b) j. aux cartes, au tennis** to play cards, tennis; **(c) j. du piano** to play the piano

Often there is an example of how the word is used to help you understand the meaning. In order to save space, **j.** is used in this example instead of repeating the word **jouer**. Sometimes you will find this symbol used: ~

Now imagine that you wanted to use the verb 'to sing' in French, but you couldn't remember it. If you look it up in the English–French section, this is what you might find:

sing (...) *v* (**sang**; **sung**) *v* chanter; **to s. out of tune** chanter faux.

2 Regular verbs

Many verbs in French have an infinitive which ends in *-er*, *-re* or *-ir* and follow a regular pattern. In order to work out the infinitive, you have to find the stem of the verb and add the ending *-er*, *-re* or *-ir*.

Here is the present tense of each type of regular verb with the endings shown in bold.

chant**er**	attend**re**	fin**ir**
je chant**e**	**j'**attend**s**	**je** fin**is**
tu chant**es**	**tu** attend**s**	**tu** fin**is**
il/elle/on chant**e**	**il/elle/on** attend	**il/elle/on** fin**it**
nous chant**ons**	**nous** attend**ons**	**nous** fin**issons**
vous chant**ez**	**vous** attend**ez**	**vous** fin**issez**
ils/elles chant**ent**	**ils/elles** attend**ent**	**ils/elles** fin**issent**

3 Irregular verbs

The verbs in the list opposite are irregular and don't follow any specific pattern. You have been using many of them since you started learning French, but you may not know the infinitive. Look at the list of irregular verbs in *Encore Tricolore 2*, pages 160–161 to help you.

Écris l'infinitif de ces verbes.

Écris l'infinitif de ces verbes.

		infinitif	anglais
1	je travaille	Ex. *travailler*	*I work*
2	j'entends	....	....
3	je choisis	....	....
4	tu joues	....	....
5	tu vends	....	....
6	il demande	....	....
7	elle attend	....	....
8	nous remplissons	....	....
9	vous parlez	....	....
10	vous finissez	....	....
11	ils choisissent	....	....
12	elles expliquent	....	....

		infinitif	anglais
1	je vais	*aller*	Ex. *to go*
2	tu prends	....	....
3	il peut	....	....
4	elle a	....	....
5	nous sommes	....	....
6	vous faites	....	....
7	ils veulent	....	....
8	elles lisent	....	....

Encore Tricolore 2 nouvelle édition © Honnor, Mascie-Taylor, Nelson Thornes 2001

Écoute et parle 🎧

1 À la française

Many words look the same in English and French but they are pronounced differently.

Listen to the French pronunciation of each word and repeat it.

Écoute et répète.

1 animal	**4** guide	**7** site
2 arrive	**5** maths	**8** théâtre
3 club	**6** sciences	

2 Et après?

Écris 1–8. Écoute la lettre et dis et écris la lettre qui suit dans l'alphabet.

1 Ex. ...c......, **2** ...., **3** ...., **4** ....,

5 ...., **6** ...., **7** ...., **8** ....

3 Des phrases ridicules

The letter 'h' is not normally pronounced in French.

The letter 'i' is pronounced like an ee sound, as in 'speed'.

Lis chaque phrase, puis écoute et répète.

Henri, le héros heureux,
arrive à l'hôpital
à huit heures.

En visite ici, Fifi dit mille
fois merci.

4 Les terminaisons

-ie

Écoute, répète et écris la bonne lettre.

colonie

These words are usually feminine nouns. Many of them end in -y in English.

1 Ex. ...b...., **2** ...., **3** ...., **4** ...., **5** ...., **6** ....

a biologie	**c** comédie	**e** géographie
b colonie	**d** compagnie	**f** technologie

5 Vocabulaire de classe

Écoute et complète le texte.

1 Ce n'est pas **Ex.** ..facile........

2 On va demander au ....

3 C'est à .... le tour?

4 Remplis .... grille.

5 Note la bonne ....

6 Répétez après ....

7 Est-ce que je .... avoir une feuille, s'il vous plaît?

6 Des conversations

Écoute les questions et réponds comme indiqué, puis écoute pour vérifier.

1 Les matières

– Tu as quels cours aujourd'hui?

3+3=6

– Tu aimes la géographie?

géographie ✗

– Quelle est ta matière préférée?

2 La routine

– Tu arrives au collège à quelle heure, le matin?

`08.30` *environ*

– Qu'est-ce que tu fais à midi?

Say: I eat sandwiches

– Quand est-ce que tu quittes le collège?

`15.45` *environ*

3 Les vacances

– Tu te lèves à quelle heure pendant les vacances?

`10.00` *environ*

– Tu travailles pendant la journée?

✗ *jouer*

– Tu te couches à quelle heure?

`22.30` *environ*

Tu comprends? 🎧

1 La routine chez nous

Complète chaque phrase avec l'heure.
Exemple: 1 Moi, je me lève à *7h15*.

1 Moi, je me lève à ....

2 Mon frère aîné se lève à ....

3 Nous quittons la maison à ....

4 L'école finit à ....

5 Le soir, nous mangeons à ....

6 Je me couche à ....

7 Mon frère se couche à ....

2 Ma journée préférée

Écoute et complète le texte avec les mots dans la case.

> **anglais   ennuyeux   flûte
> jeudi   maths   musique
> ordinateurs   technologie
> travail   utile**

Ma journée préférée, c'est le **1 Ex.** ...*jeudi*... Comme

matières, on a français, **2** ....,

chimie, biologie, histoire et **3** ....

On n'a pas **4** .... – c'est bien, parce

que je n'aime pas les maths. Je trouve ça difficile et

5 .... J'aime bien les sciences,

c'est intéressant. J'aime l'anglais aussi, parce que c'est

6 ....

J'aime assez bien la **7** ....
Cette année, j'apprends le violon et mon frère apprend la

8 ....

Le jeudi, je vais au club informatique pendant la pause-
déjeuner. Nous pouvons utiliser des

9 .... qui sont connectés à

Internet et faire des recherches pour notre

10 .... scolaire.

3 Une journée de vacances

Écoute le texte et écris la bonne lettre dans chaque case.

1 ☐ **2** ☐ **3** ☐ **4** ☐ **5** ☐ **6** ☐ **7** ☐ **8** ☐

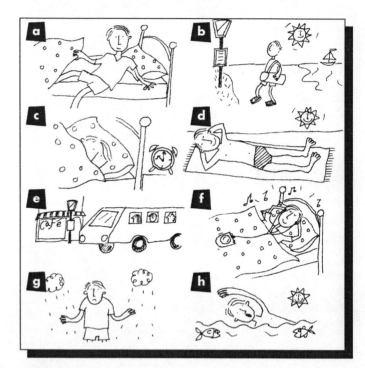

4 Le week-end

Pour chaque personne, ...
- *mets un ✓ pour l'activité qu'ils veulent faire.*
- *mets un ✗ pour l'activité qu'ils ne veulent pas faire.*

L'activité la plus populaire, c'est ....

	💻	⚽	🎾	⛵	🏊
1 Sophie					
2 Corinne					
3 Luc					
4 a André					
b Karim					
5 a Mélanie					
b Sika					
6 a Pierre					
b Magali					

Encore Tricolore 2 nouvelle édition © Honnor, Mascie-Taylor, Nelson Thornes 2001

SOMMAIRE

Complète le sommaire avec des mots anglais.

1   Describing your school

la bibliothèque	....
la cour	playground
la cantine	canteen
un demi-pensionnaire	day pupil who has lunch at school
le gymnase	....
un laboratoire	laboratory
la salle de classe	classroom
le terrain de sports/de football/de rugby	sports/football/rugby grounds

2   Talking about the school day

le cours	....
l'emploi du temps (m)	timetable
la pause-déjeuner	lunch break
la récréation	....

3   Talking about school subjects

Les matières (f pl)	**Subjects**
l'allemand (m)	German
l'anglais (m)	....
la biologie	biology
la chimie	chemistry
le dessin	....
EPS (l'éducation physique et sportive) (f)	P.E.
l'espagnol (m)	....
le français	French
la géographie	geography
l'histoire (f)	history
l'informatique (f)	ICT
l'instruction civique (f)	citizenship
l'instruction religieuse (f)	religious education
les langues vivantes (f pl)	....
le latin	latin
les maths (f pl)	maths
la physique	physics
les sciences (naturelles) (f pl)	(natural) sciences
la technologie	technology

4   Talking about morning and evening routines

Le matin, …	In the morning …
Je me lève à …	I get up at …
Je me lave …	I get washed …
Je porte mon uniforme scolaire/un polo et un pantalon etc.	I wear my school uniform/a polo shirt and trousers etc.
Pour le petit déjeuner, je prends …	For … I have …
Je quitte la maison à …	I leave the house at …
Je vais au collège en bus/ en train/en voiture etc.	I go to school by bus/by train/by .... etc.
Le soir, …	In the evening …
Je rentre vers …	I get home at about …
Normalement, je mange quelque chose, par exemple …	Normally I have something to eat, e.g. …
Ensuite, je …	Then I …
J'ai du travail pour … (minutes/heures).	I have … (minutes'/hours') work.
Je me couche vers …	I go to bed at about …

5   Asking about and giving an opinion on school subjects

C'est …	It's …
Ce n'est pas …	It's not …
amusant	fun
difficile	difficult
facile	....
fatigant	....
intéressant	interesting
important	important
utile	....
nul	....
Quelle est ta (votre) matière préférée?	What is your favourite ....?
Qu'est-ce que tu aimes (vous aimez), comme matières?	Which subjects do you like?
Qu'est-ce que tu n'aimes pas?	What don't you like?
J'aime beaucoup …	I like … very much.
Est-ce que tu aimes …?	Do you like …?
Non, pas beaucoup.	No, not much.
Je préfère …	I prefer …
Je n'aime pas …	I don't like …

6   *dire, lire* and *écrire,* (see page 36)

7   *apprendre, comprendre,* (see page 38)

8   Using reflexive verbs, (see also pages 39 and 41)

se réveiller	to wake up
se lever	to ....
se laver	to get washed
s'habiller	to get dressed
s'occuper de	to be busy with
s'intéresser à	to be interested in
se dépêcher	to ....
se reposer	to rest
se baigner	to bathe, swim
se coucher	to go to bed
s'ennuyer	to ....
s'amuser	to have fun, have a good time

9   Using the verb *vouloir* (to want, wish), (see page 44)

Rappel

1 Des mots mêlés: Les jours de la semaine

Trouve les sept jours de la semaine et écris-les dans l'ordre.

1 Ex. *dimanche.*
2 ....
3 ....
4 ....
5 ....
6 ....
7 ....

A	L	O	U	V	E	R	I	M
V	S	A	M	E	D	I	E	A
D	I	M	A	N	C	H	E	R
C	V	D	I	D	A	T	J	D
M	E	R	C	R	E	D	I	I
N	L	U	R	E	P	C	U	S
A	J	E	U	D	I	E	T	R
L	U	N	D	I	M	O	A	N

3 Les vœux

A *Complète les mots.*   **B** *Trouve les paires.*
Exemple: 1 *Bonne année! d*

1 B _ n n _   _ n n _ _ ! ....
2 J _ y _ _ s _ s   P _ q _ _ s! ....
3 B _ n   v _ y _ g _ ! ....
4 B _ n   _ n n _ v _ r s _ _ r _ ! ....
5 B _ n n _   f _ t _ ....
6 J _ y _ _ x   N _ _ l! ....
7 B _ n n _   n _ _ t ....
8 A _   r _ v _ _ r ....

a Happy Birthday!
b Have a good journey!
c Happy Christmas!
d Happy New Year!
e Best Wishes on your Saint's Day
f Happy Easter!
g Goodbye
h Good night

4 Les mois de l'année

1 C'est le premier mois de l'année. ....
2 Noël est pendant ce mois. ....
3 Le mois avec vingt-huit ou vingt-neuf jours. ....
4 Un mois de printemps avec cinq lettres. ....
5 Un mois avec trois lettres. ....
6 Un mois d'été qui commence par un 'a'. ....
7 Le troisième mois. ....

2 Un acrostiche

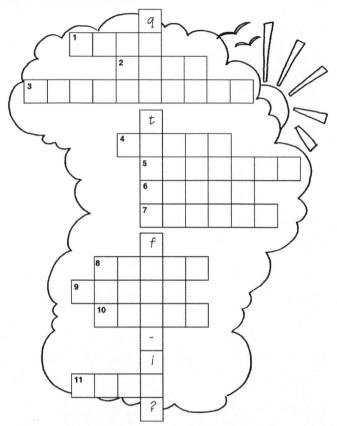

1 Il ne fait pas mauvais aujourd'hui, au contraire, il fait b…
2 Il y a du …
3 Il y a du …
4 Il …
5 Il ne fait pas beau aujourd'hui, au contraire, il fait m…
6 Et il …
7 Regarde, il y a du …
8 La température est 35 degrés, il fait très …
9 Ici, la température est moins 5, il fait très …
10 La m… dit qu'il va faire beau demain.
11 Regarde, le c… est bleu.

8 Souvent on doit faire des examens pendant ce mois d'été. ....
9 Les grandes vacances commencent pendant ce mois. ....
10 C'est le mois de la rentrée scolaire en France. ....
11 C'est le onzième mois, un mois d'automne qui commence par un 'n'. ....
12 Le dixième mois. ....

ÉPREUVE: Écouter

A Mon emploi du temps

Marc parle de son emploi du temps. Écoute et écris les matières correctes dans les blancs.

	LUNDI	MARDI
8h00	anglais	5 ....
9h00	1 Ex. *chimie*	anglais
10h00–10h10	*récré*	*récré*
10h10	2	6 ....
11h10	maths	biologie
12h00	*déjeuner*	*déjeuner*
14h00	3	7 ....
15h00	géographie	histoire
16h00–16h10	*récré*	*récré*
16h10	4	EPS

6

B La journée de Roselyne

Écoute et encercle la bonne réponse.

1. Âge de Roselyne:
   a 11   **(b)** 12 **Ex.**   **c** 13
2. Année scolaire:
   a 6e   **b** 5e   **c** 4e
3. Jours par semaine:
   a 5   **b** 4   **c** 6
4. La récréation dure ...
   a 10 minutes.   **b** 15 minutes.   **c** 20 minutes.
5. La pause-déjeuner commence à ...
   a 13h00.   **b** 12h00.   **c** 14h00.
6. Elle aime les repas?
   a elle ne dit pas   **b** non   **c** oui
7. Fin de la journée:
   a 16h00   **b** 16h30   **c** 17h00

6

C Je déteste le vendredi, mais j'adore le samedi

Écoute et écris la bonne lettre dans la case.

1. vendredi 6h00 **Ex.** ☑ *c*
2. vendredi 6h30 ☐
3. vendredi 7h00 ☐
4. vendredi dans le bureau ☐
5. samedi matin ☐
6. samedi 10h00 ☐
7. samedi (le reste) ☐

 6

D Ma routine

Écoute et encercle la bonne réponse.

1. Qui se lève le premier chez Daniel?
   (a) son père **Ex.**   **b** sa mère   **c** Daniel
2. Le petit déjeuner de Daniel:
   a des céréales et du jus de fruit
   b des tartines et du chocolat chaud
   c un œuf et du lait
3. Que fait Daniel à huit heures?
   a il quitte la maison
   b il prend le bus
   c il arrive au collège
4. L'opinion de Daniel sur le collège:
   a ça va   **b** c'est super   **c** c'est fatigant
5. Que fait Daniel à cinq heures?
   a il rentre   **b** il va à la piscine   **c** il regarde la télé
6. Que fait Daniel à six heures?
   a il rentre   **b** il fait ses devoirs   **c** il regarde la télé
7. Daniel mange à quelle heure?
   a 9h00   **b** 8h00   **c** 9h30
8. Que fait Daniel à 9h30?
   a il se couche   **b** il fait ses devoirs
   c il regarde la télé

7

 25

TOTAL

ÉPREUVE: Parler

A *Choisis une conversation: 1 ou 2. Prépare la conversation avec un(e) partenaire, puis travaille avec ton professeur.*

1 *Tu parles à un ami français. Réponds aux questions.*

Le vendredi, tu commences tes cours à quelle heure?

Je commence mes cours à neuf heures/neuf heures dix/neuf heures et quart/etc.

Tu as quelles matières le vendredi?

Le vendredi, j'ai/je fais allemand/dessin/EPS/ géographie/informatique/ maths/etc.

Quelle est ton opinion sur 3 des matières?

J'aime | la physique.
Je n'aime pas | la chimie.
Je déteste | etc.

Le vendredi, tu finis les cours à quelle heure?

Le vendredi, je finis les cours à trois heures vingt/trois heures et demie/quatre heures moins vingt/etc.

— **12** —

2 *Tu parles à un ami français. Réponds aux questions.*

Ton collège est comment?

Mon collège est moderne/vieux/bien équipé/confortable.

C'est pour les élèves de quel âge?

C'est pour les élèves de ... à ...

Qu'est-ce qu'il y a dans ton collège?

Dans mon collège, il y a un laboratoire/un terrain de sport/une piscine/ une bibliothèque/une cantine/etc.

Qu'est-ce qu'il y a comme clubs?

Il y a un club d'informatique/de théâtre/de gym/etc.

— **12** —

B *Maintenant, prépare une conversation avec un(e) partenaire. Ensuite, travaille avec ton professeur.*

Tu te réveilles à quelle heure?

Je me réveille à sept heures/ sept heures dix/sept heures et quart/sept heures et demie/etc.

Tu te lèves à quelle heure?

Je me lève à huit heures moins le quart/huit heures moins dix/etc.

Tu te laves où?

Je me lave dans ma chambre/ la salle de bains.

Tu t'amuses le week-end? Qu'est-ce que tu fais?

Le week-end, | je joue au football/regarde un film/joue aux cartes/fais du vélo/joue au tennis/lis ma BD/dors toute la journée/etc. j'écoute de la musique/etc.

Bonus (1 point)
Ajoute un ou deux détails sur ton week-end. — **13** —

— **25** —

TOTAL

ÉPREUVE: Lire

A Reflexives

Écris la lettre correcte pour chaque texte.

1 Ex. ..*a*..., **2** ...., **3** ...., **4** ...., **5** ...., **6** ...., **7** ......

1 Je me réveille.
2 Ils se dépêchent.
3 On se baigne.
4 Annette s'habille.
5 Les filles s'ennuient.
6 On s'amuse.
7 Il se lave.

$\frac{}{6}$

B Mon collège

Trouve la fin de chaque phrase.

1 Ex. ..*b*..., **2** ...., **3** ...., **4** ...., **5** ...., **6** ....,
7 ...., **8** ......

1 Le premier cours commence ...		**a**	40 professeurs au collège.
2 Les élèves portent ...		**b**	à neuf heures.
3 Dans le laboratoire de langues, ...		**c**	sur le terrain de sports.
4 Il y a environ ...		**d**	finissent à quatre heures.
5 On joue au foot ...		**e**	de piscine dans notre collège.
6 Il n'y a pas ...		**f**	un uniforme scolaire.
7 Pendant la pause, ...		**g**	je mange un sandwich.
8 Les cours ...		**h**	on apprend le français.

$\frac{}{7}$

C Tous les jours

Remplis les blancs avec les mots de la case ci-dessous.

Tous les jours, je me **1** Ex. ...*lève*..... à sept heures et je

2 .... la maison à huit heures et demie.

Je **3** .... au collège à pied. À midi, je **4** ....

à la cantine et à cinq heures, je **5** .... à la maison.

Je **6** .... mes devoirs, puis je me **7** ....

lève	mange	fais	couche	quitte
vais	rentre			

$\frac{}{6}$

D Opinions

Lis les opinions de ces élèves.

Luc Mon collège est très bien, très moderne, très bien équipé. Mais il y a un problème: il n'y a pas de piscine.

André Je n'aime pas du tout l'histoire. Ce n'est pas intéressant et les cours sont trop difficiles.

Sophie Au collège, je fais treize matières. Comme langues vivantes, je fais anglais et espagnol. J'adore les langues. Mon père va travailler en Allemagne l'année prochaine et maintenant, je veux apprendre l'allemand.

Pierre Les terrains de sports sont petits, les labos sont vieux et il n'y a pas d'ordinateurs.

Jeanne Mon ami anglais ne va pas au collège le samedi. Pourquoi? Parce que le collège est fermé! Je sais que chez nous, on n'a pas cours le mercredi après-midi, mais je préfère le système anglais.

Bruno Les profs me donnent trop de devoirs. Je travaille toute la journée au collège. Pourquoi travailler à la maison?

Dominique À midi, je rentre à la maison pour manger. J'habite à cinq kilomètres du collège. Je mange très vite, mais je n'ai pas assez de temps.

Écris le nom correct.

1 Qui parle d'une matière qu'il déteste? **Ex.** ...*André*....

2 Qui dit que la pause-déjeuner est trop courte? ....

3 Qui veut apprendre une langue différente? ....

4 Qui dit que son collège n'est pas bien équipé? ....

5 Qui veut se reposer le soir? ....

6 Qui ne veut pas aller au collège six jours par semaine?

....

7 Qui veut avoir une piscine au collège?

....

$\frac{}{6}$ $\frac{}{25}$

TOTAL

ÉPREUVE: Écrire et grammaire

A Mes matières

Complète les phrases.

1 2 + 2 = 4. C'est le cours de **Ex.** *maths.*
2 Comme langue vivante, j'apprends le
   ....
3 Ma matière préférée est
   ....
4 J'aime aussi ....
5 J'apprends aussi .... et
6 .... et
7 ....
8 Je fais du sport dans le cours de
   ....
9 Ma science préférée est
   ....

(8)

B Les activités

Pour chaque phrase, copie le verbe correct.

1 Je **Ex.** *.dis..* « Bonjour » à mon professeur.
   (dis / dit / dites)

2 Il .... les magazines tous les jours.
   (lis / lit / lisons)

3 Nous .... les e-mails le soir.
   (écrivons / écrivez / écrivent)

4 Vous .... le car à huit heures?
   (prends / prend / prenez)

5 Ils .... le français depuis un an.
   (apprenons / apprenez / apprennent)

6 Elles .... le français.
   (comprenons / comprenez / comprennent)

7 Je .... à sept heures.
   (me lève / te lèves / se lève)

8 Vous .... à quelle heure?
   (me couche / se couche / vous couchez)

9 Tu .... manger?
   (veux / veut / voulez)

(8)

C Le matin

Write 6 sentences in French about what you do before school.

Mention:
● *getting up*
● *getting washed*
● *what you wear.*

Then mention:
● *having breakfast*
● *going to school*
● *how you get there*

Pour t'aider

Je	me	lève à ...
		lave dans ...
	porte ...	
	mange ...	
	vais au collège à ...	
	prends ...	

....
....
....
....
....
....
....
....
....
....
....
....
....
....
....

(9)

(25)
TOTAL

54

Encore Tricolore 2

La famille et les amis

1 Complète les listes

Masculin

Ex. ....*le grand-père*.......... grandfather

.... father

le mari ....

.... uncle

le fils ....

le frère (aîné) ....

le beau-frère ....

le demi-frère ....

le cousin ....

le bébé ....

.... friend

un copain ....

un camarade ....

Féminin

la grand-mère ....

.... mother

la femme ....

la tante ....

.... daughter

.... (older) sister

.... sister-in-law, step-sister

la demi-sœur half-sister

.... cousin

une amie ....

une copine ....

une camarade ....

Pluriel

les grands-parents ....

.... parents

.... children

les jumeaux ....

les jumelles ....

2 Qui est-ce?

1 Le père de mon père est mon
....

2 La sœur de ma mère est ma
....

3 Le frère de ma mère est mon
....

4 La fille de ma tante est ma
....

5 Le fils unique de mes grands-
parents est mon ....

6 La fille de mes parents est ma
....

3 Naissances

Je m'appelle Lucie.
Je suis née* le 3 janvier.
Je pèse 3.4 kg.
Mes parents sont très heureux.

Nous sommes fiers et heureux de vous faire part de la naissance de notre premier fils Kévin, né* le 23 janvier.
Jacqueline et Adrien Dupont

Luc, le fils de M. et Mme Marc Robert, est fier d'annoncer l'arrivée de sa sœur. Elle s'appelle Nicole et elle est arrivée le 13 janvier.

*né(e) = born

Lis les annonces et réponds aux questions.

1 Combien de garçons sont nés? ....

2 Combien de filles sont nées? ....

3 Le treize janvier, c'est l'anniversaire de qui? ....

4 C'est quand, l'anniversaire des autres bébés? ....

5 Est-ce que Nicole est enfant unique? ....

6 Est-ce que Kévin a des frères? ....

Chez une famille 🎧

1 Où sont les questions?

Copie la bonne question dans le texte, puis écoute la conversation pour vérifier.

Des questions

À quelle heure est-ce que tu te couches d'habitude, Julie?

Est-ce que je peux téléphoner à mes parents?

Et où sont les toilettes et la salle de bains?

Quand est-ce qu'on se lève ici, normalement?

Est-ce que tu as une serviette?

Alors, où est-ce que je peux mettre mes vêtements?

Julie et Nicole

2 À la maison

Trouve:

- 5 pièces à la maison ....
  ....
- 4 meubles ....
  ....
- 3 membres de famille.....................................
  ....
- 2 appareils électriques.....................................
  ....
- 1 chose qu'on trouve dans la salle de bains ..
  ....

> **une grand-mère   une chaise**
> **la cuisine   un téléphone portable**
> **une chambre   un oncle**
> **la salle à manger   un lit**
> **la salle de séjour   un ordinateur**
> **une tante   une salle de bains**
> **une armoire   une serviette**
> **une table**

JULIE PASSE DES VACANCES CHEZ LA FAMILLE LEBOIS.

Nicole: Viens, Julie, je vais te montrer ta chambre.

Julie: Elle est jolie, la chambre.

Ex. ....*Alors, où est-ce que je peux mettre mes*
...........................*vêtements?*...........................

Nicole: Il y a de la place dans l'armoire. Oui, voilà.

Julie: D'accord. ....

Nicole: C'est juste en face.

Julie: Ah oui.

Nicole: ....

Julie: Ah non.

Nicole: Il y a des serviettes dans ce placard.

Julie: Bon, merci.

Nicole: Ça va?

Julie: ....

Nicole: Oui, bien sûr. Il y a un téléphone dans la cuisine.

APRÈS LE DÎNER

Nicole: ....

Julie: Ça dépend. D'habitude, je me couche vers dix heures, mais ce soir, je suis très fatiguée, alors je vais me coucher très tôt.

Nicole: Bonne idée!

Julie: ....

Nicole: Mes parents se lèvent assez tôt, vers sept heures, mais pendant les vacances, je me lève assez tard, vers neuf heures et demie, dix heures.

3 Un acrostiche

Écris le mot français.

1 towel
2 suitcase
3 wardrobe
4 bed
5 clothes
6 luggage

Une lettre

1 Complète la lettre

Remplis les blancs avec les mots dans la case ci-dessous.

jour	vacances
ton	repas
football	minuit
matin	poulet

La Rochelle, le 20 février

Cher Thomas,

Comment ça va? Est-ce que 1 Ex. *ton* .... **ami canadien est chez toi, maintenant?**

Moi, j'ai passé de très bonnes 2 .... **à la montagne. J'ai aimé le ski, mais il a neigé tous les jours.**

Le dernier 3 .... **des vacances, nous avons organisé une petite fête. Les garçons ont préparé un bon 4** .... **pour tout le monde. Pour commencer, nous avons mangé du melon, puis du 5** .... **et des frites. Comme dessert, nous avons mangé des glaces. Après le repas, on a écouté de la musique jusqu'à 6** ....**! Puis, le lendemain, nous avons commencé le voyage du retour à sept heures du 7** ....

Et toi? Est-ce que tu as joué au 8 .... **avec ton ami? Dans ta prochaine lettre, raconte-moi tout ce que tu as fait.**

Amitiés,
Philippe

2 Un résumé

Relis la lettre complète et <u>souligne</u> les erreurs dans ce résumé.
Écris les mots corrects.

1 Philippe a passé de bonnes vacances **Ex.** <u>au bord de la mer</u>. ..*à la montagne*..............................

2 Il a aimé la voile. ....

3 Le dernier jour, les filles ont préparé le repas. ....

4 Pour commencer, on a mangé du pâté, puis du poulet et des frites. ....

5 Comme dessert, on a mangé des fruits. ....

6 Après le repas, on a joué aux cartes. ....

7 On a commencé le voyage du retour à six heures du matin. ....

3 Les verbes au passé composé

Il y a dix verbes au passé composé dans la lettre.
<u>Souligne</u> les verbes au passé composé dans la lettre.

Des activités

1	**2**
3	**4**
5	**6**
7	**8**
9	**10**
11	**12**

Des souvenirs et des cadeaux

Écris le bon texte pour chaque image.
Exemple: 1j (un porte-clés)

a   une affiche
b   une bande dessinée (BD)
c   une boîte de chocolats
d   une boîte de petits gâteaux

e   un CD
f   un drapeau
g   un livre sur la Normandie
h   une peluche

i   une petite Tour Eiffel
j   un porte-clés
k   un pot de confiture
l   un T-shirt

ce, cet, cette, ces

1 Le jeu des définitions

A *Complète les phrases avec: ce/cet/cette/ces.*

1 Ex. ..*Cet*.... animal est souvent noir, gris ou blanc.
C.......................... animal est très populaire comme animal domestique, mais ce n'est pas un chien.

2 C.......................... personne travaille dans un collège ou un lycée.
C.......................... homme ou c..........................
femme aide les élèves à apprendre.

3 On trouve c.......................... machine dans tous les collèges et dans beaucoup de maisons.
C.......................... appareil est très utile pour travailler, pour s'informer et pour s'amuser.

4 En été, on mange .... fruit jaune et rose qui est cultivé dans le sud de la France.
Le nom de .... fruit commence avec un p.

5 .... légumes sont longs et oranges.
Les lapins aiment beaucoup .... légumes.

B *Lis les deux phrases et devine les réponses.*

1 Ex. ..*un chat*.........

2 ....

3 ....

4 ....

5 ....

2 Qui parle?

Voici six jeunes en vacances.

> Sophie envoie toujours beaucoup de cartes postales.
>
> Jean-Marc adore les chaussettes avec des animaux dessus.
>
> Christophe n'aime pas les vêtements de couleur très foncée.
>
> Olivier cherche une ceinture pour son jean.
>
> Anne-Marie cherche un T-shirt amusant pour son petit frère.
>
> Richard va acheter des chaussures, mais il n'aime pas prendre de décisions.

A *Remplis les blancs.*
B *Décide qui parle.*

1 Je prends **Ex.** ..*ces*.... chaussettes.

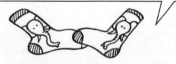

Ex. *C'est Jean-Marc.* ....

2 Ah, voilà. Je prends c .... T-shirt pour Joël.

3 C...................... cartes postales, s'il vous plaît.

4 C...................... anorak, vous l'avez en plus clair?

5 C...................... ceinture n'est pas mal – je vais prendre ça.

6 Je ne sais pas si je vais acheter ....
baskets ou c...................... sandales.

Pour t'aider

ce (masc.): ce garçon
cet (masc. before a vowel): cet enfant
cette (fem.): cette fille
ces (plural): ces personnes

Encore Tricolore 2 nouvelle édition © Honnor, Mascie-Taylor, Nelson Thornes 2001

Des verbes au passé composé

A Regular -er verbs
Complète le texte.

1 J'........................ joué au football.

2 Tu as .... au golf?

3 Il a l........................ la voiture.

4 Nous avons d...............................

5 Vous .... travaillé sur l'ordinateur?

6 Ils ont .... un film.

B Regular -ir verbs
Complète le texte.

1 J'ai rem........................ le verre.

2 Tu as ch...............................?

3 Il .... rougi.

4 Nous .... réussi.

5 Vous avez f...............................?

6 Ils .... pâli.

C Regular -re verbs
Complète le texte.

1 J'........................ rendu les livres.

2 Tu .... rép........................ à mon e-mail?

3 Elle a p........................ un bouton.

4 Nous avons v........................ beaucoup de glaces.

5 Vous .... entendu quelque chose?

6 Elles .... attendu une heure au cinéma.

Des mots croisés

1 Des verbes au passé composé (-er)

Horizontalement

1 Nous avons ... le film hier. (regarder)
5 Tu ... visité la ville, hier matin?
7 Et toi, ... as chanté au concert?
8 On a ... le concert à la radio. (écouter)
9 Mon père a ... dans le jardin. (travailler)
12 J'ai ... dans la cuisine. (aider)
13 Ils ont ... le week-end chez l'oncle de Thomas. (passer)

Verticalement

1 Ma sœur a ... sa chambre. (ranger)
2 Ils ont ... le match. (gagner)
3 Qu'est-ce que tu ... mangé au restaurant?
4 Elle a ... le chat dans le jardin. (chercher)
6 Vous avez ... au basket, hier? (jouer)
7 Ma cousine a ... son téléphone portable au café. (trouver)
10 ... garçons ont préparé un pique-nique.
11 ... mère de Nicole a parlé au prof.

2 Des verbes au passé composé (-ir, -re)

Horizontalement

1 Qui a ... à ton e-mail? (répondre)
4 ... n'ai pas entendu le téléphone.
5 ... sœurs de Thomas ont vendu beaucoup de gâteaux.
9 Nous avons ... le train de dix heures. (attendre)
10 ... a rougi quand il a entendu la question.
11 Les garçons ... perdu leur ballon au parc.
13 J'... fini mes devoirs.
14 Mon oncle a ... sa voiture. (vendre)
15 Vous avez ...? (choisir)

Verticalement

1 Nous avons ... à finir les mots croisés. (réussir)
2 Tu m'as ... le CD. (rendre)
3 Tu ... répondu à ma lettre?
6 Tu as ... le nouveau CD? (entendre)
7 Vous avez ...? (finir)
8 Elle a ... la bouteille avec de l'eau. (remplir)
11 ... a attendu longtemps devant le cinéma.
12 ... as choisi ton gâteau?

Encore Tricolore 2 nouvelle édition © Honnor, Mascie-Taylor, Nelson Thornes 2001

Écoute et parle 🎧

1 À la française

Many words look the same in English and French but they are pronounced differently.

Listen to the French pronunciation of each word. Repeat it.

Écoute et répète.

1 cousin
2 garage
3 instrument
4 judo
5 parent
6 radio
7 restaurant
8 six

2 Et après?

Écoute le numéro et dis et écris le numéro qui suit.

Ex. ...2...., ..., ..., ..., ..., ..., ..., ...

3 Des phrases ridicules

The letter 'g' is soft (like *je*) before e and i (and y).

When the letter 'g' is followed by a, o and u, it is a hard sound like the g in 'get'.

Lis chaque phrase, puis écoute et répète.

Le gentil général fait de la gymnastique dans le gîte. C'est génial!

Le garçon du guichet à la gare gagne un gâteau pour le goûter.

4 Les terminaisons

-ieux et -yeux
Écoute, répète et écris la bonne lettre.

 furieux

> ! These words are usually adjectives.

1 Ex. ...f...., 2 ...., 3 ...., 4 ...., 5 ...., 6 ....

a ambitieux
b anxieux
c curieux
d délicieux
e ennuyeux
f furieux

5 Vocabulaire de classe

Écoute et complète le texte.

1 Comment Ex. ..ça...... s'écrit?
2 Je ne .... pas.
3 Je voudrais un ...., s'il vous plaît.
4 C'est masculin .... féminin?
5 Qu'est-ce que c'est en ....?
6 Je ne .... pas.
7 Je n'ai pas de ....

6 Des conversations

Écoute les questions et réponds comme indiqué, puis écoute pour vérifier.

1 On arrive
– Tu as fait bon voyage?
– │ Say: Yes, thank you. │
– Tu as beaucoup de bagages?
– │ Say: I only have one case. │
– C'est ton premier séjour en France?
– │ Say: Yes, it's the first visit. │

2 À la maison
– Voici ta chambre.
– │ Ask: Where can I put my clothes? │
– Il y a de la place dans l'armoire.
– │ Ask: When do people normally get up? │
– Normalement, on se lève vers sept heures, sept heures et demie.
– │ Ask: Can I phone my parents? │
– Bien sûr. Il y a un téléphone dans la cuisine.

3 Hier
– Qu'est-ce que tu as fait hier?

le matin

– Et l'après-midi?

l'après-midi

– Tu as acheté quelque chose?

pour mon père ✔

Tu comprends? 🎧

1 Aurélie arrive en France

Écoute la conversation et note la bonne réponse.

1 Aurélie est de quelle nationalité?

a française ☐ **b** anglaise ☐ **c** canadienne Ex. ☑

2 Elle habite où? ....

3 Dans sa famille, il y a ...

4 Comme animaux, il y a ...

5 Elle va passer combien de temps en France?

a 7 jours **b** 10 jours **c** 15 jours

2 Hier matin

Écoute les phrases et trouve le dessin qui correspond.

1 Ex. ....d...., **2** ...., **3** ...., **4** ...., **5** ...., **6** ....,
7 ...., **8** ....

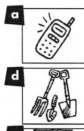 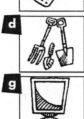  

3 Un écrivain anglais

Écoute et complète le texte.

Dick King-Smith **1 Ex.** ...*habite*..... dans une ferme. Il **2** .... fermier et il **3** .... aussi écrivain. Il **4** ....
beaucoup les animaux, surtout les cochons.

    Il **5** .... dans une école primaire pendant sept ans.

    Il **6** .... à écrire des livres à l'âge de 54 ans. En 1984, il **7** .... un

    prix pour le livre « Le Cochon devenu berger » (*The Sheep-Pig*).

Dans cette histoire, un cochon **8** .... à garder les moutons. On **9** .... un

film de cette histoire. Le film **10** .... « Babe ». Moi, j'**11** .... bien **12** .... ce film.

4 Des cadeaux

Écoute la conversation et indique quel cadeau est pour chaque personne.
Si possible, indique pourquoi ou un autre détail.

1	mon grand-père	**Ex.** c	*il aime les cravates*
2	ma grand-mère		
3	mon oncle		
4	ma tante		
5	Jonathan		
6	Nathalie		
7	le bébé		
8	moi		

Encore Tricolore 2 nouvelle édition © Honnor, Mascie-Taylor, Nelson Thornes 2001

SOMMAIRE

Complète le sommaire avec des mots anglais.

1 Introducing people

Je te présente mon frère, Marc.	May I introduce my ...., Mark.
Et voici mes deux sœurs, Laura et Marion.	These are my two sisters, Laura and Marion.

2 Talking about families

le beau-père	stepfather, father-in-law
le bébé	....
la belle-mère	stepmother, mother-in-law
le cousin, la cousine	cousin
le (demi-) frère	(half/step-) brother
la (demi-) sœur	(half/step-) sister
l'enfant (m)	....
la fille	daughter, girl
le fils	....
la grand-mère	grandmother
le grand-père	grandfather
le(s) jumeau(x)	boy twin(s)
la jumelle	girl twin
l'oncle (m)	uncle
le parent	parent, relative
la tante	....

3 Understanding and answering questions when staying with a French family

On peut te tutoyer?	Can we call you 'tu'?
Tu as beaucoup de bagages?	Do you have much ....?
C'est ton premier séjour en France?	Is it your first stay in France?
Tu as fait bon voyage?	Did you have a good journey?
Est-ce que je peux téléphoner à mes parents?	Can I phone my parents?
Où est-ce que je peux mettre mes vêtements?	Where can I put my ....?
Il y a de la place dans l'armoire.	There's some room in the wardrobe.
Quand est-ce qu'on se lève ici, normalement?	When do people normally get up here?
Normalement, on se lève vers 7h30.	We usually get up around 7.30.
Où sont les toilettes et la salle de bains?	Where's the toilet and the ....?
Est-ce que tu as une serviette?	Do you have a ....?
À quelle heure est-ce que tu te couches d'habitude?	When do you normally go to bed?
Tu as bien dormi?	Did you sleep well?

4 Talking about what you have done recently

Qu'est-ce que tu as fait ce matin?	What did you do this morning?
Ce matin, j'ai visité la ville.	This morning I visited the town.
Dimanche dernier, nous avons passé la journée chez la tante de Nicole.	Last Sunday we spent the day at Nicole's aunt's house.
Hier après-midi, on a joué au tennis.	Yesterday afternoon we played tennis.
Hier soir, nous avons regardé une vidéo.	Last night we watched a video.

5 Talking about presents and souvenirs,
(see also page 56)

Nicole a acheté ce livre.	Nicole bought this ....
Luc a choisi cet appareil.	Luke chose this camera.
J'ai choisi cette carte pour Thomas.	I chose this card for Thomas.
Daniel a acheté ces fleurs.	Daniel bought these ....

6 Saying goodbye and thank you

Au revoir.	Goodbye.
Merci pour tout.	Thank you for everything.
J'ai passé des vacances merveilleuses.	I've had a great holiday.
Bon retour en France/au Canada.	Have a good journey back to France/Canada.

7 Using the perfect tense of regular verbs (with *avoir*), (see also pages 53, 54, 58, 60)

	-er	-ir	-re
e.g.	**travailler**	**finir**	**perdre**
j'ai	travaillé	fini	perdu

Some regular -*ir* verbs

choisir	to choose	*remplir*	to fill
finir	to finish	*réussir*	to ....

Some regular -*re* verbs

attendre	to wait (for)	*rendre*	to give back
entendre	to	*répondre*	to answer, reply
perdre	to	*vendre*	to ....

8 Using expressions of past time

hier	....
hier après-midi	yesterday afternoon
hier soir	last night
dimanche dernier	.... Sunday
samedi matin	Saturday ....
la semaine dernière	last week
le week-end dernier	last weekend

9 Using ce, cet, cette, ces + noun (this ...),
(see page 56)

Encore Tricolore 2

Rappel

1 Des mots mêlés

Trouve dans la grille:

- 4 sports

  ....

  ....

- 4 lieux où on peut faire du sport

  ....

  ....

- 4 instruments de musique

  ....

  ....

E	B	S	K	I	Û	P	È	T	I	N
P	A	T	I	N	O	I	R	E	A	C
É	D	E	H	Y	T	S	T	A	D	E
G	M	D	M	O	A	C	G	D	F	B
U	I	E	N	P	Q	I	S	F	L	V
I	N	Ç	Û	R	T	N	D	H	Û	I
T	T	V	O	I	L	E	L	M	T	O
A	O	B	A	T	T	E	R	I	E	L
R	N	G	Y	M	N	A	S	E	A	O
E	É	Q	U	I	T	A	T	I	O	N

2 5–4–3–2–1

une fête foraine
ennuyeux
un feu d'artifice
facile
l'athlétisme
le dessin
le piano
la peinture
le VTT
la planche à voile
utile
un concert
intéressant
une discothèque

Trouve dans la case:

- 5 distractions

  Ex. *une exposition*........................

  ....

  ....

  ....

  ....

- 4 adjectifs

  ....

  ....

  ....

  ....

- 3 sports

  ....

  ....

  ....

- 2 activités artistiques (mais pas musicales)

  ....

  ....

- 1 instrument de musique

  ....

3 Mots croisés (le travail à la maison)

Horizontalement

1 Est-ce que tu t… dans le jardin quelquefois?
8 Ton frère, est-ce qu'… met la table?
10 Pendant les vacances, j'a… un peu à la maison.
11 … je ne sors pas, je fais du baby-sitting pour mes parents.
12 Ma mère … la lessive tous les samedis.
13 … faisons les courses ensemble le vendredi soir.
15 Ta sœur, est-ce qu'… fait la vaisselle?
17 Quand je range ma chambre, je mets tout … mon lit.

Verticalement

1 Est-ce que … aides à la maison de temps en temps?
2 Mon père aime passer l'a…
3 Tu aimes l… la voiture?
4 … j'ai le temps, j'aime faire la cuisine.
5 Mes parents travaillent souvent dans le j…
6 Normalement, c'est ma mère qui fait la c…
7 Nous … nos devoirs le soir.
9 Je fais toujours mon l…

14 Tu préfères mettre la table … débarrasser après le repas?
16 Qui fait … ménage chez vous?

Encore Tricolore 2 nouvelle édition © Honnor, Mascie-Taylor, Nelson Thornes 2001

ÉPREUVE: Écouter 🎧

A Du travail

Écoute et écris le chiffre correct dans la case.

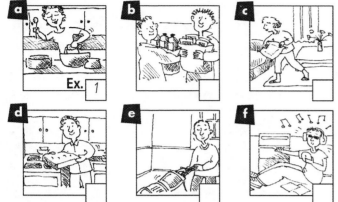

Ex. 1

B C'est qui?

Ces jeunes arrivent en France. Peux-tu les identifier?
Écoute et écris le nom de la personne correcte.

Bruno   Carole   Félix   Marielle   Stefan   Véronique

Ex. ...Stefan................   ....

....

....

⎲5⎳

C La journée de Julie

Écoute et remplis les blancs avec les mots dans la case.

Hier, Julie a décidé d'aller **1 Ex.** ...*en ville*....... Elle a acheté

2 .... pour sa famille. Elle a

3 .... un CD-ROM pour son frère et une

magazine pour sa **4** .... Puis elle a visité

la **5** .... En ville, elle a **6** ....

Thomas et ils ont **7** .... dans un fast-food.

Thomas a invité Julie au cinéma.

des cadeaux   en ville   acheté   mère
rencontré   mangé   bibliothèque

⎲6⎳

D Les activités d'aujourd'hui et les activités d'hier

Écoute et écris la bonne lettre.

	hier	aujourd'hui
les jeux	**1 Ex.** ...c.....	**2 Ex.** ...a.....
la nourriture	**3**	**4** ....
les invitations	**5**	**6** ....
les passe-temps	**7**	**8** ....
au téléphone	**9**	**10** ....

⎲8⎳

⎲25⎳
TOTAL

⎲6⎳

ÉPREUVE: Parler

A *Choisis un jeu de rôle: 1 ou 2. Prépare le jeu de rôle avec un(e) partenaire, puis travaille avec ton professeur.*

1 *Your French friend has just arrived. Your partner starts.*   **2** *Your French friend has just arrived. You start.*

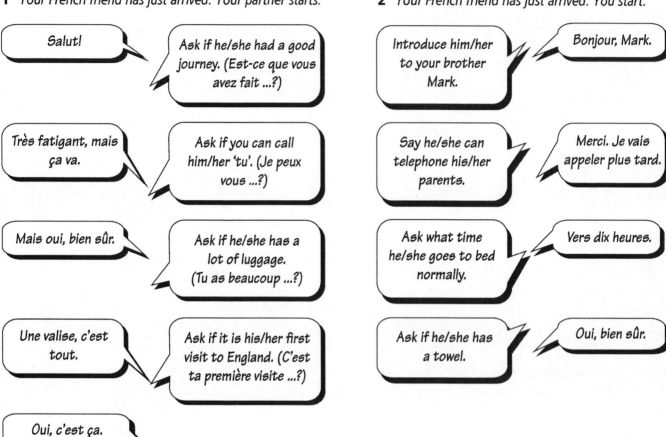

1

Salut!

Ask if he/she had a good journey. (Est-ce que vous avez fait ...?)

Très fatigant, mais ça va.

Ask if you can call him/her 'tu'. (Je peux vous ...?)

Mais oui, bien sûr.

Ask if he/she has a lot of luggage. (Tu as beaucoup ...?)

Une valise, c'est tout.

Ask if it is his/her first visit to England. (C'est ta première visite ...?)

Oui, c'est ça.

2

Introduce him/her to your brother Mark.

Bonjour, Mark.

Say he/she can telephone his/her parents.

Merci. Je vais appeler plus tard.

Ask what time he/she goes to bed normally.

Vers dix heures.

Ask if he/she has a towel.

Oui, bien sûr.

12   **12**

B *Maintenant, prépare une conversation avec un(e) partenaire. Ensuite, travaille avec ton professeur.*

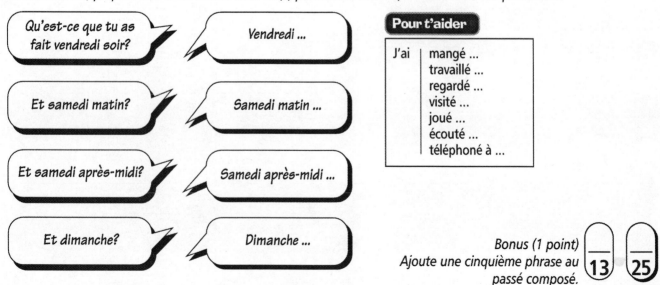

Qu'est-ce que tu as fait vendredi soir?

Vendredi ...

Et samedi matin?

Samedi matin ...

Et samedi après-midi?

Samedi après-midi ...

Et dimanche?

Dimanche ...

Pour t'aider

J'ai	mangé ...
	travaillé ...
	regardé ...
	visité ...
	joué ...
	écouté ...
	téléphoné à ...

Bonus (1 point)
Ajoute une cinquième phrase au passé composé.

13   **25**

TOTAL

ÉPREUVE: Lire

A Jean achète des cadeaux

Écris la lettre correcte.

1 Ex. ..d......, **2** ...., **3** ...., **4** ...., **5** ....,
6 ...., **7** ....

1 un pot de confiture	**5** une boîte de petits gâteaux
2 un CD	
3 un porte-clés	**6** une affiche
4 un drapeau	**7** une peluche

6

C Un e-mail

Read this e-mail. Émilie is spending two weeks in a guest house with her friend Anne. She is not happy.
She e-mails home.

```
Bonjour!
Je ne suis pas heureuse ici.
Il n'y a pas d'eau chaude.
L'appartement n'est pas moderne.
Je n'ai pas ma propre chambre. Je partage
avec Anne et je n'aime pas ça.
Il n'y a pas de place dans l'armoire.
On n'a pas Internet. J'envoie cet e-mail
d'un café.
Je n'aime pas beaucoup la cuisine du pays,
mais les gâteaux sont bons.
En plus, le chien est méchant.
À bientôt
Émilie
```

In English, list the 7 reasons why Émilie is not happy.

1 Ex. *There is no hot water.* ....
2 ....
3 ....
4 ....
5 ....
6 ....
7 ....

6

B L'arrivée en France

Trouve les paires.

1 Ex. ..f...., **2** ...., **3** ...., **4** ...., **5** ...., **6** ...., **7** ....

1 Tu veux téléphoner à tes parents?	**a** Je vais au lit à dix heures.
2 Tu as fait bon voyage?	**b** Oui, j'ai visité Paris l'année dernière.
3 Tu as déjà visité la France?	**c** Oui, c'était délicieux.
4 Tu as beaucoup de bagages?	**d** Oui, merci, j'ai très bien dormi.
5 Tu te couches à quelle heure normalement?	**e** J'ai une valise.
6 Tu as bien dormi?	**f** Non, merci. Je vais appeler plus tard.
7 Tu as assez mangé?	**g** Oui. J'aime voyager en bateau.

6

D La lettre d'Annette

Lis la lettre et les questions. Écris la bonne lettre.

1 Ex. ..b.., **2** ...., **3** ...., **4** ...., **5** ...., **6** ...., **7** ....

Cher Pierre,
Merci pour tout. J'ai passé deux semaines formidables en France.
   J'ai surtout aimé la visite de la cathédrale. Mon frère a bien aimé son cadeau. Il dit qu'il ne peut pas perdre ses clés maintenant.
   J'ai fait très mauvais voyage. J'ai attendu le train pendant cinq heures à Paris. Heureusement, pendant le voyage, j'ai dormi.
   Bon, je vais faire mes devoirs maintenant.
   L'année prochaine, tu vas venir en Angleterre?
   À bientôt,
                    Annette

1 Les vacances d'Annette ont duré ...
   a 7 jours.   **b** 14 jours.   **c** 21 jours.
2 Annette a passé ses vacances où?
   a en Amérique   **b** en Afrique   **c** en Europe
3 Qu'est-ce qu'elle a surtout aimé?
   a une excursion   **b** le temps   **c** les cadeaux
4 Qu'est-ce qu'on a offert au frère d'Annette?
   a un porte-clés   **b** un livre   **c** un repas
5 Annette n'a pas fait très bon voyage. Pourquoi?
   a des problèmes de transport   **b** le temps
   c les autres passagers
6 Pendant le voyage, Annette a ...
   a mangé.   **b** dormi.   **c** écouté de la musique.
7 Maintenant, Annette va ...
   a dormir.   **b** travailler.   **c** aller en France.
8 Annette invite Pierre ...
   a à un restaurant.   **b** à visiter Bruxelles.
   c en Angleterre.

7 25

TOTAL

ÉPREUVE: Écrire et grammaire

A Des cadeaux

Remplis les blancs avec un cadeau.

1 J'ai acheté un **Ex.** ..CD-ROM.... pour mon frère.
2 J'ai acheté .... pour ma sœur.
3 J'ai acheté .... pour mon père.
4 J'ai acheté .... pour ma mère.
5 J'ai acheté .... pour mon ami.

$\frac{}{4}$

B Une visite chez mon correspondant

Complète les phrases avec le participe passé.

1 J'ai **Ex.** ..cherché... un cadeau pour mon ami. (chercher)
2 Il a .... le film amusant. (trouver)
3 Nous avons .... la pizza. (finir)
4 Ils ont .... un très bon film. (choisir)
5 Il a .... le car pendant dix minutes. (attendre)

$\frac{}{4}$

C Chez toi

Write 6 sentences in French about your home life.

Mention:
- *the members of your family*
- *a description of one member of the family*
- *pet(s).*

Then mention:
- *your bedroom and describe it*
- *things in your bedroom*
- *whether you like or dislike your bedroom.*

Pour t'aider

| J'ai | un frère. |
| | deux sœurs. |

| Mon frère a | les yeux bleus. |
| | les cheveux longs. |

| J'ai | un chien. |
| | deux chats. |

Ma chambre est	grande.
	petite.
	confortable.

Dans ma chambre, il y a	une table.
	un lit.
	des livres.

J'aime bien	ma chambre.
J'adore	
Je n'aime pas	

$\frac{}{8}$

D Raconte ta journée d'hier

Write an account in French of what you did yesterday. Write about 60 or 70 words. Use at least 6 perfect tenses. You could mention what you visited, what you played, what you watched, what you bought, what you ate, where you worked etc.

Pour t'aider

J'ai	visité
	joué
	regardé
	acheté
	mangé
	travaillé

....
....
....
....
....
....
....
....
....
....
....
....
....

$\frac{}{9}$

$\frac{}{25}$

TOTAL

Au café

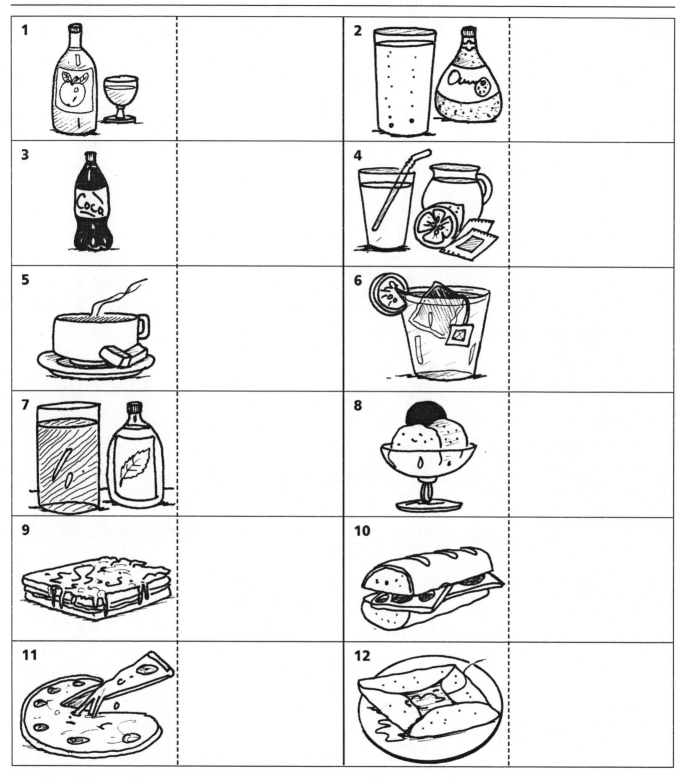

Écris le bon texte pour chaque image.
Exemple: 1c (un jus de pomme)

a du coca
b un citron pressé
c un jus de Pomme
d un sandwich au fromage
e un croque-monsieur
f un Orangina

g un thé citron
h un café-crème
i une crêpe
j une pizza
k une glace (à la vanille, à la fraise et au chocolat)
l une menthe à l'eau

On prend quelque chose?

1 On achète une glace

*Une personne est le/la client(e) (Personne **A**), l'autre vend des glaces (Personne **B**).*
*C'est **A** qui commence.*

Oui, combien de boules voulez-vous?

Et quel parfum?

Voilà, Monsieur/Madame/Mademoiselle.

1 euro 50, s'il vous plaît.

2  On prend un snack

Jetez un dé ou choisissez des numéros entre 1 et 6 pour inventer des
conversations au café.
Exemple:

A **A** **B** **B**

Le serveur/la serveuse: Bonjour Monsieur, bonjour Madame. Vous désirez?
Le (la) client(e): Je voudrais (A6) un citron pressé, s'il vous plaît, et pour mon ami(e), (A1) un express.
Le serveur/la serveuse: C'est tout?
Le (la) client(e): Qu'est-ce que vous avez à manger?
Le serveur/la serveuse: Voilà le menu.
Le (la) client(e): Merci. Donnez-nous (B6) deux portions de frites, s'il vous plaît.
Le serveur/la serveuse: Alors, un citron pressé, un express et deux portions de frites. C'est ça?
Le (la) client(e): Euh ... non, nous avons faim. Apportez-nous aussi (B4) des crêpes.
Le serveur/la serveuse: Et des crêpes aussi.
Le (la) client(e): Oui, c'est ça!

A
Des boissons (chaudes)
1. un express/un café-crème
2. un thé au lait/un thé citron
3. un chocolat chaud

Des boissons (froides)
4. un Orangina
5. une menthe à l'eau
6. un citron pressé

B
Des casse-croûtes
1. un croque-monsieur
2. un sandwich (au jambon/au fromage/au pâté)
3. une pizza
4. une crêpe
5. un hot-dog
6. des frites

Un repas en famille

1 Conversations au choix

*Jetez un dé ou choisissez des numéros entre
1 et 6 pour inventer des conversations.*

Exemple:

A   B   C

D   E   F

- Qu'est-ce que tu prends comme boisson?
- (A1) De l'eau, s'il vous plaît.
- Pour commencer, il y a (B6) du melon. Ça va?
- Oui, j'aime beaucoup ça.
- Et ensuite, il y a (C4) des spaghettis à la sauce tomate. Tu aimes ça?
- Oui, c'est très bon.
- OK. Et comme légumes, il y a (D1) des haricots verts. Sers-toi.
- Merci.
- Est-ce que tu veux du fromage?
- (E1) Oui, je veux bien.
- Et comme dessert, il y a (F4) de la tarte aux pommes.
- Merci, c'est délicieux.

A Les boissons
1 de l'eau
2 de la limonade
3 de l'eau minérale
4 du vin
5 du coca
6 du jus de fruit

B Les entrées ou les hors-d'œuvre
1 du potage aux tomates
2 des crevettes
3 du pâté
4 de la salade de thon
5 du jambon
6 du melon

C Les plats principaux
1 du poulet
2 du saumon
3 des saucisses
4 des spaghettis à la sauce tomate
5 de l'omelette aux champignons
6 de la pizza

D Les légumes
1 des haricots verts
2 des petits pois
3 des frites
4 des carottes
5 une salade verte
6 du chou-fleur

E On accepte ... on refuse
1 Oui, je veux bien.
2 Oui, un peu, s'il vous plaît.
3 Oui, j'adore ça.
4 Non merci.
5 Merci, mais j'ai assez mangé.
6 Non, je regrette, mais je n'aime pas beaucoup ça.

F Les desserts
1 une banane
2 de la crème caramel
3 de la pêche Melba
4 une tarte aux pommes
5 des raisins
6 de la mousse au chocolat

2 Après chaque conversation

A *répond à ces questions.*

1 Qu'est-ce que tu as pris pour commencer?
Exemple:
> *Pour commencer, j'ai pris du pâté.*

2 Qu'est-ce que tu as pris comme plat?
Exemple:
> *Comme plat principal, j'ai pris du poulet.*

3 Qu'est-ce que tu as mangé comme légumes?
4 Qu'est-ce que tu as choisi comme dessert?
5 Qu'est-ce que tu as bu avec le repas?

B *répond à ces questions.*

1 Qu'est-ce qu'il (elle) a pris pour commencer?
Exemple:
> *Pour commencer, il (elle) a pris du pâté.*

2 Qu'est-ce qu'il (elle) a pris comme plat?
Exemple:
> *Comme plat, il (elle) a pris du poulet.*

3 Qu'est-ce qu'il (elle) a mangé comme légumes?
4 Qu'est-ce qu'il (elle) a choisi comme dessert?
5 Qu'est-ce qu'il (elle) a bu avec le repas?

Des mots croisés

Horizontalement

1 Qu'est-ce que tu as ...? (dire)
2 J'ai ... beaucoup de choses pendant les vacances. (apprendre)
6 Qu'est-ce que Pierre a dit? ... a dit « Au revoir ».
7 Ah bon. Je n'ai pas ... (comprendre)
11 As-tu joué ... ton ordinateur hier soir?
12 J'ai ... le film, comme vous. (voir)
14 Non, l'ordinateur a ... cassé par mon petit frère, mais mon père l'a réparé ce matin. (être)
16 Tu as mangé ... ville aujourd'hui?
18 Oui, dans [*that*] ... nouveau restaurant sur la place.
20 Hier, j'ai ... une invitation à une grande fête. (recevoir)
21 J'ai vu l'enveloppe, mais je n'ai pas ... que c'était pour moi. (croire)
24 Quand j'ai ... l'enveloppe, j'étais très contente! (ouvrir)
25 J'ai ... un verre de coca pour célébrer! (boire)

Verticalement

1 Pendant les vacances, on a ... un camping splendide. (découvrir)
3 Il a ... de bonnes photos avec son appareil-photo. (prendre)
4 Tu as vu le film à la télé hier soir?
Oui, tout le monde a ... beaucoup. (rire)
5 Moi aussi, mais pas mon père, ... a dit que c'était ridicule!
8 Moi, j'ai ... le livre sur la table. (mettre)
9 Le prof m'a posé une question difficile et je n'ai pas ... répondre. (savoir)
10 Qu'est-ce que tu as ... hier soir? (faire)
13 Maman, tu as vu ce cadeau de ma correspondante. C'est ... trousse amusante.
15 C'est chic! As-tu ... pour dire merci? (écrire)
17 Non, pas encore. Je n'ai pas ... trouver mon stylo. (pouvoir)
19 Moi, j'ai écrit à mon corres., mais je n'ai pas ... de réponse. (avoir)
22 ... ne sais pas quoi lire.
23 Tu as ... ce livre? C'est excellent. (lire)

Encore Tricolore 2 nouvelle édition © Honnor, Mascie-Taylor, Nelson Thornes 2001

Présent ou passé?

1 En vacances

Trouve les paires. **1** Ex. ....D...., **2** ...., **3** ...., **4** ...., **5** ...., **6** ...., **7** ...., **8** ...., **9** ...., **10** ....

1 Avez-vous déjà passé des vacances ici?
2 Est-ce que vous faites du camping normalement, pendant les vacances?
3 Qu'est-ce que vous faites pendant la journée, d'habitude?
4 Qu'est-ce que vous avez fait hier?
5 Qu'avez-vous vu?
6 As-tu lu le livre, Daniel?
7 Où est-ce que vous mangez le soir, d'habitude?
8 Où as-tu mangé hier soir, Hélène?
9 Où vas-tu le soir, après le dîner?
10 Ce soir, nous allons à la fête. Tu veux venir?

A Oui, on fait souvent du camping en Bretagne.
B D'habitude, nous allons à la plage.
C J'ai mangé chez Marie.
D Non, on n'a pas passé nos vacances ici avant cet été.
E Ça dépend. Quelquefois, je vais en ville avec ma sœur.
F Nous avons vu un vieux film – « Les Trois Mousquetaires ».
G Nous mangeons quelquefois dans une pizzeria ou dans une crêperie.
H Hier, nous avons passé le matin à la plage et l'après-midi au cinéma.
I Oui, je l'ai lu deux ou trois fois!
J D'accord. J'adore les fêtes.

2 Présent ou passé?

Est-ce que ces phrases sont au présent ou au passé composé (the perfect tense)?
Écris **PR** *(présent) ou* **P** *(passé).*
Exemple: 1 *PR*

1 A: Quand il fait chaud, j'aime manger une glace, et toi? ....
2 B: Oui, moi aussi, j'aime bien les glaces. ....
3 A: Moi, j'ai commandé une glace au café, et toi? ....
4 B: Alors, moi, j'ai choisi une glace à la vanille, au cassis et à l'abricot. ....
5 A: Tu as pris trois boules? ....
6 B: Bien sûr. Il fait très chaud aujourd'hui! ....
7 A: Qu'est-ce que tu as commandé finalement, Christophe? ....
8 C: J'ai commandé un croque-monsieur. ....
9 A: Tu n'as pas commandé de glace? ....
10 C: Non, je n'aime pas beaucoup les glaces et, en plus, j'ai faim. ....

3 Normalement et hier

Complète chaque phrase avec un participe passé.

normalement	**hier**
1 Je bois du café le matin.	J'ai **Ex.** ....*bu*...... trois tasses de thé.
2 Je prends des croissants.	J'ai .... des céréales.
3 Je dis « Au revoir » à ma mère.	J'ai .... « Au revoir », comme d'habitude.
4 Je prends le bus pour aller au collège.	J'ai .... le train.
5 J'apprends l'anglais au collège.	J'ai .... quelques mots d'allemand.
6 J'écris beaucoup au collège.	J'ai .... une lettre à mon ami de Montréal.
7 Je fais mes devoirs avant le dîner.	J'ai .... mes devoirs très vite.
8 Je regarde la télé ou je joue au foot.	J'ai (voir) .... un match de football à la télé.

Voici le menu

Trouve les bons mots pour chaque image.
Exemple: 1f (du pâté)

a une tarte aux pommes
b des oignons
c des escargots
d des crudités
e des crevettes (un cocktail de crevettes)
f du pâté

g des champignons
h une côte de porc
i une assiette de charcuterie
j des radis au beurre
k du potage
l une crème caramel

Encore Tricolore 2 nouvelle édition © Honnor, Mascie-Taylor, Nelson Thornes 2001

Comprends-tu le menu?

1 Choisis un menu

Menu touristique

œuf mayonnaise
potage du jour

escalope de veau
spaghettis bolognaises
omelette au fromage

fromage
ou
glaces (2 boules)

Menu A Normalement, un menu assez simple, mais avec un choix de plats et pas très cher.

Quel menu vas-tu choisir? Cherche dans le dictionnaire tous les mots que tu ne comprends pas.

1 Si tu veux beaucoup manger et payer cher?
   Ex. *Menu B*...
2 Si tu aimes les plats simples? ....
3 Si tu préfères un grand choix de plats? ....
4 Si ton oncle (assez riche) t'invite pour fêter ton anniversaire? ....
5 Si tu adores le poisson? ....
6 Si tu veux manger assez vite? ....
7 Si tu es avec un(e) ami(e) et tu veux passer quelques heures à manger et à discuter? ....
8 Si tu veux essayer des plats nouveaux? ....

2 C'est quelle image?

Regarde dans le dictionnaire si tu ne sais pas, mais essaie de deviner d'abord!

a un plateau de fromages   d des crudités
b des fruits de mer   e une assiette de charcuterie
c une salade niçoise   f une corbeille de fruits

≈ *Menu* ≈ gastronomique

hors-d'œuvre
soupe à l'oignon   moules marinière
saumon fumé à l'estragon
huîtres (une douzaine – 2,5 euros en supplément)
quiche lorraine

plats principaux
coq au vin   canard à l'orange   steak tartare
truite aux amandes   ratatouille maison
bouillabaisse (soupe de poissons)

légumes
haricots verts   pommes lyonnaises   petits pois
tomates provençales

desserts
mousse au chocolat   salade de fruits
sorbet au citron   pâtisserie maison

Menu B Il y a un grand choix de plats délicieux, mais c'est assez cher.

3 Quelle est la différence?

Il y a des mots dans la case pour t'aider – ou cherche dans le dictionnaire.

1 a de la crème anglaise ....
  b de la crème Chantilly ....
2 a garni ....
  b farci ....
  c nature ....
3 a une saucisse ....
  b un saucisson ....
4 a des œufs brouillés ....
  b un œuf à la coque ....
5 a des pommes de terre sautées ....
  b de la purée de pommes de terre ....

A whipped cream
B sausage which has to be cooked
C custard
D salami-type sausage
E stuffed
F scrambled eggs
G potatoes tossed in fat and fried
H plain
I boiled egg
J mashed potatoes
K accompanied by a small portion of vegetables or salad

Au restaurant

1 Voici le menu

*Écoute les conversations et coche le tableau pour montrer
le choix de chaque client(e).*

	1	2	3	4 (M.)	4 (Mme)
Hors-d'œuvre					
assiette de charcuterie					
crudités					
escargots					
melon					
pâté					
saumon fumé					
Plats principaux					
côte de porc					
escalope de veau					
omelette nature					
poulet rôti					
steak-frites					
Légumes					
champignons					
chou-fleur					
haricots verts					
petits pois					
pommes de terre sautées					
pommes frites					
Fromage					
Desserts					
crème caramel					
glaces					
tarte maison					
yaourt					

2 Le menu – un acrostiche

Complète l'acrostiche pour faire un menu.

1 ↓ C'est le plat spécial aujourd'hui
1 →, 2 et 3 Trois hors-d'œuvre
4, 5 et 6 Trois plats principaux
7 Une boisson
8 Un légume
9 et 10 Deux desserts

Encore Tricolore 2 nouvelle édition © Honnor, Mascie-Taylor, Nelson Thornes 2001

Écoute et parle 🎧

1 À la française

Many words look the same in English and French but they are pronounced differently.

Listen to the French pronunciation of each word and repeat it.

Écoute et répète.

1	biscuit	4	melon	7	portion
2	chocolat	5	menu	8	table
3	dessert	6	orange		

2 Et après?

Écris 1–8. Écoute la lettre et dis et écris la lettre qui suit dans l'alphabet.

1 Ex. *..e..*, **2** ....., **3** ....., **4** ....., **5** ......, **6** ....., **7** ....., **8** .....

3 Des phrases ridicules

The letters 'th' are pronounced like t as in 'time'.

The letter 'r' is pronounced much more strongly in French. It is produced at the back of the throat by producing a vibrating sound.

Lis chaque phrase, puis écoute et répète.

Thierry prend du thé et parle à la télé de ses théories.

Roland le rat refuse de rendre la rose rouge.

4 Les terminaisons

-u et -ue

Écoute, répète et écris la bonne lettre.

connu

1 Ex. *..b..*, **2** ....., **3** ....., **4** ....., **5** ......, **6** ....., **7** ....., **8** .....

a	barbecue	**c**	contenu	**e**	répondu
b	connu	**d**	continue	**f**	voulu

5 Vocabulaire de classe

Écoute et complète le texte.

1 Changez les **Ex.** *..mots..*.......... en couleur.

2 Choisis le bon mot .... la case.

3 J'ai ....

4 Je n'ai pas mon ....

5 J'........................ gagné.

6 J'ai oublié .... cahier.

7 Trouve l'image .... correspond.

6 Des conversations

Écoute les questions et réponds comme indiqué, puis écoute pour vérifier.

1 Au café

– Alors, qu'est-ce que tu prends?

–

– Tu veux manger quelque chose?

–

– Et après, on prend des glaces. Tu prends quel parfum?

Une glace 🍦 pour moi.

2 On commande un repas

– Vous avez choisi?

– 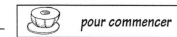 *pour commencer*

– Et comme plat principal?

–

– Vous voulez un dessert?

–

3 Hier

– Qu'est-ce que tu as fait hier matin?

–

– Et l'après-midi, tu as joué au rugby?

–

– Et le soir, tu as surfé sur le Net?

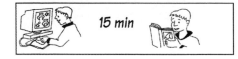
15 min

Tu comprends? 🎧

1 Qu'est-ce qu'on commande?

Écoute et écris la bonne lettre.

1 Ex. ...d....., **2** ...., **3** ...., **4** ....,
5 ...., **6** ...., **7** ...., **8** ....

2 Vous avez choisi?

Écoute et coche ce qu'on a commandé.

	hors-d'œuvre			plat principal			légumes			dessert		
1												
2												
3												

3 Mercredi dernier

Qu'est-ce qu'on a dit? Écoute et écris la bonne lettre.

1 Ex. ...a......, **2** ...., **3** ...., **4** ...., **5** ....,

6 ...., **7** ...., **8** ...., **9** ...., **10** ....

1 – Mercredi dernier, c'était ton anniversaire, non?
  – C'est vrai.
  – Qu'est-ce que tu as ...
  a fait? **b** reçu? **c** mangé?
  – J'ai beaucoup fait.

2 Alors le matin, j'ai ...
  a fait mes devoirs, avant d'aller au college.
  b reçu beaucoup de cartes, avant d'aller au college.
  c mangé un petit déjeuner spécial, avant d'aller
    au collège.

3 Puis à midi, j'ai ...
  a pris un Sandwich au café avec mes copains.
  b acheté un sandwich au café avec mes copains.
  c mangé un sandwich au café avec mes copains.

4 J'ai passé l'après-midi avec mes copains et nous avons ...
  a regardé des vêtements en ville.
  b essayé des vêtements en ville.
  c acheté des vêtements en ville.

5 – Qu'est-ce qu'on t'a ... **a** offert comme cadeau?
  b acheté comme cadeau? **c** choisi comme cadeau?

6 – Ma meilleure amie m'a ... **a** offert un joli sac.
  b acheté un joli sac. **c** choisi un joli sac.

7 Mes grands-parents n'ont pas ...
  a pu venir à la maison.
  b eu le temps de venir à la maison.
  c voulu venir à la maison.

8 Mais ils m'ont ... **a** envoyé une carte avec de l'argent.
  b écrit une carte avec de l'argent.
  c fait une carte avec de l'argent.

9 Mes parents m'ont ...
  a offert des billets pour le concert hier soir.
  b acheté des billets pour le concert hier soir.
  c choisi des billets pour le concert hier soir.

10 – Comment as-tu trouvé le concert?
  a – Je l'ai beaucoup aimé.
  b – Je ne l'ai pas beaucoup aimé.
  c – J'ai surtout aimé le chanteur.

Encore Tricolore 2 nouvelle édition © Honnor, Mascie-Taylor, Nelson Thornes 2001

SOMMAIRE

Complète le sommaire avec des mots anglais.

1 Buying drinks in a café

Qu'est-ce que tu prends? — What are you having?
Pour moi … — ....
Je voudrais … — I'd like …
une bière — ....
une boisson (non-) — a (non) alchoholic drink
   alcoolisée
une boisson (non-) — ....
   gazeuse
un cidre — cider
un citron pressé — freshly squeezed lemon juice
une menthe à l'eau — mint-flavoured drink
un Orangina — Orangina
un thé (au lait/au citron) — tea (with milk/lemon)
un verre de lait — ....

Où sont les toilettes? — Where are the toilets?
Avez-vous le téléphone? — Do you have a telephone?
L'addition, s'il vous plaît. — ....

2 Buying snacks

Qu'est-ce que vous avez comme sandwichs? — What kind of sandwiches do you have?
un sandwich au jambon/ au pâté — ....
un sandwich au fromage/ au saucisson — cheese/salami sandwich
une crêpe — ....
un croque-monsieur — toasted sandwich with cheese and ham
une portion de frites — ....
un hot-dog — hot dog
une pizza — pizza

3 Buying an ice cream

Je voudrais une glace, s'il vous plaît. — ....
Quel parfum? — What flavour?
une glace à la fraise/ au citron etc. — strawberry/lemon etc. ice cream

4 Expressing likes and dislikes

Tu aimes le melon? — Do you like melon?
Oui, j'aime ça. — ....
Non, je n'aime pas beaucoup ça. — No, I don't like that much.

5 Talking about a simple menu

Comme hors-d'œuvre, … — For the starter, …
Comme plat principal, … — ....
Comme légumes, … — For vegetables, …
Comme dessert, … — For sweet, …
Comme boisson, … — ....
… il y a … — … there is …

6 Some new items of food

des crevettes (f) — prawns
du saumon — ....
du thon — tuna

7 Ordering a meal in a restaurant

Avez-vous choisi? — Have you chosen?
Pour commencer, je vais prendre … — To start with, I'll have …
Comme plat principal, je voudrais … — ....
Comme dessert, je vais prendre … — ....

une assiette de charcuterie — mixed cold meats, salami etc.
fruits de saison — ....
garni — served with 'trimmings', e.g. sprig of watercress, small salad, vegetables etc.
le plat du jour — ....
pâté/gâteau maison — home-made pâté/cake

8 Using the verb *boire*, (see page 67)

9 Using irregular past participles, (see page 70 and *Les verbes,* page 160)

Qu'est-ce que tu as bu? — What did you drink?
As-tu écrit la lettre? — ....

10 Asking about what has happened, (see page 73)

Qu'est-ce que tu as fait hier? — ....
Où as-tu mangé hier soir? — Where did you eat last night?

11 Using *n'… pas* in the perfect tense

Je n'ai pas vu le film hier. — ....
Nous n'avons pas mangé à la cantine. — We didn't eat in the cantine.

Rappel

1 Les fêtes

A *Complète les questions et les réponses.*

Les questions
1 Ton anniversaire, c'est **Ex.** ..quand?........
2 C'est quand, la f...................... nationale en France?
3 C'est quand, le l............................... de Pâques, cette année?
4 Qu'est-ce qu'on va f.................... pour fêter la fin du trimestre?
5 Est-ce que tu a.................... les pique-niques?
6 C'était ton anniversaire dimanche d......................, non?
7 Qu'est-ce que tu a........... fait?
8 Qu'est-ce qu'on t'a offert comme c......................?

Les réponses
a C'est le v......................-quatre mai.
b Comme cadeaux, on m'a o...................... des CD et des livres et un T-shirt.
c Nous a...................... dîné au restaurant.
d Non. C'é...................... samedi dernier, pas dimanche.
e Les pique-niques? Oui, je les a................ beaucoup.
f On v........... organiser une fête.
g Alors, cette .... le Vendredi Saint, est le 13 avril, donc, le lundi, c'est le 16 avril.
h C'est le quatorze j...................... Il y a souvent un défilé pendant la journée et un feu d'artifice, le soir.

B *Trouve les paires.*
1 ...., 2 ...., 3 ...., 4 ...., 5 ...., 6 ...., 7 ...., 8 ....

2 C'est quand?

Trouve dans la case:

- 3 jours de la semaine

  Ex. ..samedi...................... ....

- 3 expressions au présent

  ....

- 3 expressions au passé

  ....

- 3 expressions au futur

  ....

> demain
> à présent
> hier soir
> aujourd'hui
> lundi prochain
> samedi dernier
> bientôt
> la semaine dernière
> maintenant
> dimanche
> le week-end dernier

3 Mots croisés (les couleurs)

Horizontalement

1 J'ai les yeux bleus et les cheveux ... (*black*)
6 C'est une couleur et, en anglais, c'est aussi une fleur.
7 Quand il pleut, le ciel est ...
9 Ce perroquet est fantastique! Regarde ... couleurs!
10 De quelle couleur est la neige? – Elle est ..., tout le monde sait cela!
13 Pour faire le vert, on mélange le jaune avec le ...
14 C'est la couleur des feuilles et de l'herbe.
15 C'est la couleur du beurre et du soleil.

Verticalement

2 C'est un fruit et c'est aussi une couleur.
3 C'est la couleur d'une tomate et d'une fraise.
4 C'est la couleur du ciel.
5 C'est une saison, quand il y a des fleurs de toutes les couleurs.
8 Au printemps et en été tous les arbres sont ...

9 Il y combien de couleurs dans un arc-en-ciel? – Il y en a ...
10 C'est la couleur de la mer.
11 Le soleil brille et ... ciel est bleu.
12 ... printemps, on voit souvent des fleurs jaunes qui s'appellent des jonquilles.

Encore Tricolore 2 nouvelle édition © Honnor, Mascie-Taylor, Nelson Thornes 2001

ÉPREUVE: Écouter 🎧

A Qu'est-ce qu'on boit?

Écoute et écris la bonne lettre.

1 Ex. ...b.., **2** ...., **3** ...., **4** ...., **5** ...., **6** ...., **7** ......

B Qui parle?

Écoute et identifie la personne qui parle.

1 Ex. ...g.., **2** ...., **3** ...., **4** ...., **5** ...., **6** ...., **7** ......

$\frac{}{6}$

$\frac{}{6}$

C Au restaurant

Écoute la conversation et remplis les blancs.

Serveur: Vous avez choisi?

Cliente: Pour commencer, je voudrais du **1** Ex. ...pâté...

Serveur: Et comme plat principal?

Cliente: Du **2** .... rôti, s'il vous plaît.

Serveur: Et comme légumes?

Cliente: Des **3** ....

et des **4** ....

Serveur: Et à boire?

Cliente: Du **5** ....,

s'il vous plaît et de l'**6** ....

Serveur: Vous prenez un dessert?

Cliente: Une **7** ....,

s'il vous plaît.

Serveur: Tout de suite.

$\frac{}{6}$

D Les plats préférés

Écoute et écris la bonne lettre.

1 Ex. ...a....., **2** ...., **3** ...., **4** ...., **5** ....,

6 ...., **7** ...., **8** ....

a un hors-d'œuvre

b un dessert au chocolat

c un fruit

d du poisson

e un plat anglais

f des légumes

g de la viande

h un plat fait avec des œufs

 $\frac{}{7}$

 $\frac{}{25}$

TOTAL

ÉPREUVE: Parler

A *Choisis une conversation: 1 ou 2. Prépare la conversation avec un(e) partenaire, puis travaille avec ton professeur.*

1 *Tu es au café. Commande quelque chose à manger et à boire.*

Bonjour. Je voudrais ...

Bien sûr. Et comme boisson?

Je voudrais aussi ...

Vous voulez un dessert?

Je voudrais aussi ...

C'est tout?

Douze euros, s'il vous plaît.

⎛ ⎞
⎝12⎠

2 *Tu es au café. Commande quelque chose à manger et à boire.*

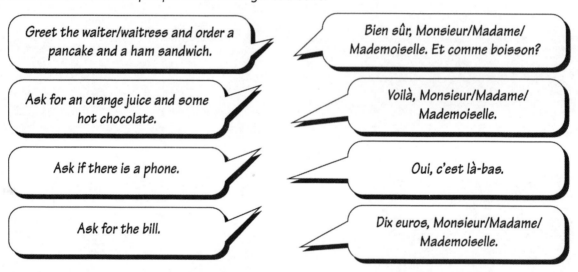

Greet the waiter/waitress and order a pancake and a ham sandwich.

Bien sûr, Monsieur/Madame/ Mademoiselle. Et comme boisson?

Ask for an orange juice and some hot chocolate.

Voilà, Monsieur/Madame/ Mademoiselle.

Ask if there is a phone.

Oui, c'est là-bas.

Ask for the bill.

Dix euros, Monsieur/Madame/ Mademoiselle.

⎛ ⎞
⎝12⎠

B *Maintenant, prépare la conversation avec un(e) partenaire. Ensuite, travaille avec ton professeur.*

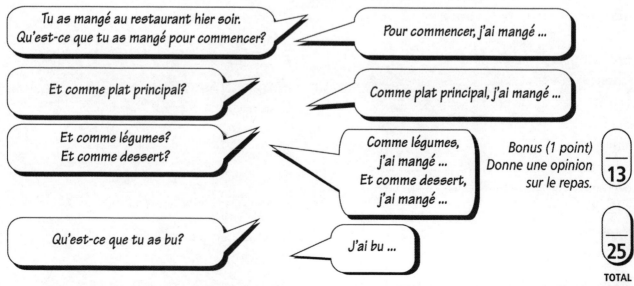

Tu as mangé au restaurant hier soir. Qu'est-ce que tu as mangé pour commencer?

Pour commencer, j'ai mangé ...

Et comme plat principal?

Comme plat principal, j'ai mangé ...

Et comme légumes? Et comme dessert?

Comme légumes, j'ai mangé ... Et comme dessert, j'ai mangé ...

Bonus (1 point) Donne une opinion sur le repas.

⎛ ⎞
⎝13⎠

Qu'est-ce que tu as bu?

J'ai bu ...

⎛ ⎞
⎝25⎠
TOTAL

Encore Tricolore 2 nouvelle édition © Nelson Thornes 2001

ÉPREUVE: Lire

A C'est combien?

Écris le prix correct.

Menu
Le Perroquet Vert

Aujourd'hui

Potage	4,30
Pâté Maison	3,40
Salade de Tomates	2,70
Poulet Rôti	7,90
Poisson au Beurre	8,30
Haricots Verts	5,60
Fromage	6,00

a € .6,00.....

b € ....

c € ....

d € ....

e € ....

f € ....

g € ....

(6)

B Trouve les paires

1 Ex. ..b.., 2 ...., 3 ...., 4 ...., 5 ...., 6 ...., 7 ......, 8 ....

1 Elle a écrit ...	a j'ai pris un fruit.
2 J'ai dormi ...	b des lettres à son correspondant.
3 Papa a bu ...	c le cadeau.
4 Le professeur a dit ...	d dans un lit confortable.
5 Le jour de son anniversaire, elle a ouvert ...	e pas vu le film.
6 Elles ont mangé du fromage, mais moi ...	f du vin.
7 Je n'ai ...	g ont bien mangé.
8 Ils sont allés au restaurant. Ils ...	h « Bonjour ».

(7)

C Le repas d'aujourd'hui et le repas de la semaine dernière

Cécile et Pauline sont au comptoir d'un fast-food.
Elles comparent. Lis l'histoire.

Cécile: Qu'est-ce que tu prends?
Pauline: Je prends une portion de frites et un steak haché.
Cécile: Et comme boisson?
Pauline: Un coca. Et toi? Qu'est-ce que tu prends?
Cécile: Du poulet rôti et des carottes. Avec du cidre.
J'adore le poulet ici. La semaine dernière, je suis allée au Café Rouge avec Thomas et j'ai choisi les sardines avec les haricots verts, mais ce n'était vraiment pas bon. Et en plus, ça a coûté cher.
Pauline: Ah bon. Combien?
Cécile: Douze euros et en plus, j'ai seulement bu de l'eau!
Pauline: Moi, la semaine dernière, je suis allée au grill pour l'anniversaire de Michelle et ce n'était pas cher du tout. J'ai payé huit euros.
Cécile: Et qu'est-ce que tu as mangé?
Pauline: J'ai mangé du saumon avec des petits pois.
Délicieux! En plus, le vin était excellent.

Remplis la grille.

CÉCILE	la semaine dernière	aujourd'hui
viande/ poisson	Ex. ..sardines..........	Ex. ..poulet..........
légumes	1	2 ....
boisson	3	4 ....
l'addition	5	€ 9,00
PAULINE	la semaine dernière	aujourd'hui
viande/ poisson	6	7 ....
légumes	8	9 ....
boisson	10	11 ....
l'addition	12	€ 10,00

 (12) (25) [85]

TOTAL

ÉPREUVE: Écrire et grammaire

A Complète les phrases

1 Hier soir, j'ai **Ex.** ....*écrit*.............. une lettre. (écrire)
2 Dans le restaurant, il a .... une spécialité anglaise. (prendre)
3 Nous avons .... du vin avec le repas. (boire)
4 Ma mère a .... du Cassoulet. (faire)
5 Mes amis ont .... la maison. (décrire)
6 Elles ont .... le train. (prendre)
7 Tu as .... le menu? (voir)
8 Vous avez .... le menu? (lire)
9 Le repas a .... très populaire. (être)

$\frac{}{8}$

B Ton anniversaire

Yesterday was your birthday. Write 6 sentences in French.

First, mention:
● *something you opened*
● *what you received*
● *something you read.*

Then write about a visit to a café/self-service restaurant.
Mention:
● *what you ate*
● *what you drank*
● *somebody or something you saw.*

Pour t'aider

Pour mon anniversaire, j'ai	ouvert ...
	reçu ...
	lu ...
	mangé ...
	bu ...
	vu ...

$\frac{}{8}$

....
....
....
....
....
....

C Une visite au Lion d'Or

Last week you went to a restaurant. In French, describe your visit.

Mention what you ate and drank, what you did not eat and what you did not drink, who you were with, what you saw, what you did, what the waiter/waitress said. Give opinions.

Exemple:

La semaine dernière, je suis allé(e) au restaurant avec mon ami Philippe. J'ai choisis le saumon et le riz. Je n'ai pas trouvé ça très bon. Je n'ai pas pris de dessert. J'ai bu ...

....
....
....
....
....
....
....
....
....
....
....
....
....
....
....
....
....
....

$\frac{}{9}$

$\frac{}{25}$
TOTAL

partir et sortir

1 Les verbes

Complète les tableaux.

partir – *to leave*
je p...
tu pars
il/elle/on p....................................
nous p...
vous partez
ils/elles p....................................

sortir – *to go out*
je sors
tu s...
il/elle/on sort
nous sortons
vous s...
ils/elles sortent

2 Le samedi

Remplis les blancs avec la forme correcte du verbe 'partir' ou 'sortir'.

Salut!

Ouf! Demain, c'est samedi et je peux sortir. Le samedi après-midi, je 1 s............. toujours avec mes amis. Nous 2 s............................. souvent en groupe, mais si les filles passent trop de temps dans les magasins, nous 3 p............................. sans elles au stade ou à la piscine.

Mon frère aîné a une petite voiture et quelquefois, il 4 s............. avec nous et on 5 p............. à la montagne. En été, nous 6 p............................. tous ensemble à la mer.

Et toi, est-ce que tu 7 s............. le samedi? 8 P............-tu quelquefois en excursion avec tes copains? Raconte-moi ça dans ta prochaine lettre.

Réponds-moi vite!

Ton ami,

Daniel

3 Les vacances

Remplis les blancs avec la forme correcte du verbe 'sortir' ou 'partir'.

Salut!

C'est bientôt les vacances, mais j'ai le moral à zéro parce que cette année, moi, je ne 1 p............. pas. D'habitude, nous 2 p............................. en famille à Saint-Auban, un petit village à la campagne. On est bien là-bas; je 3 s............. tous les jours avec mes amis et le dimanche, s'il fait beau, on 4 p............. en excursion dans notre voiture. Mais cet été, notre père travaille au Sénégal — c'est loin, non? Ma mère 5 p............. le voir pendant huit jours, mais mes frères et moi, nous restons ici avec ma grand-mère. Elle est gentille, mais elle n'a pas de voiture, donc on ne 6 s............. pas souvent.

Alors toi, si tu 7 p........ en vacances cette année, pense à nous, les trois enfants qui ne 8 p............. pas!!! Envoie-moi beaucoup de cartes postales!

Ton amie triste et découragée,

Florence

4 Et toi?

Choisis un de ces titres: 'Le samedi' ou 'Les vacances'. Écris trois phrases sous ce titre. Dans chaque phrase, utilise au moins une de ces expressions:

je sors	je pars
on sort	on part
nous sortons	nous partons
ils sortent	ils partent
sortir	partir

5 Vrai ou faux?

Invente deux phrases vraies et deux phrases fausses sur Daniel et Florence.

Exemples:

Daniel sort avec ses amis. C'est vrai...............................

Florence est heureuse. C'est faux...............................

À la gare

1 Voyager en train

Coche la bonne case.
Pour bien regarder la campagne, il faut choisir ...

a un coin couloir. ☐

b une place non-fumeur. ☐

c un coin fenêtre. ☑ Ex.

1 Pour quitter la gare, suivez ce panneau:

a | Voie | ☐

b | Gare SNCF | ☐

c | Sortie | ☐

2 Ici, on peut acheter son billet:

a | Consigne | ☐

b | Guichet | ☐

c | Compostage | ☐

3 Le train est en retard. Pour l'attendre, il faut chercher ce panneau:

a | Salle d'attente | ☐

b | Renseignements | ☐

c | Passage souterrain | ☐

4 Vous détestez les cigarettes. Il faut trouver un compartiment ...

a | FUMEURS | ☐

b | Réservé | ☐

c | NON-FUMEURS | ☐

5 Pour vérifier les heures des trains, on regarde ce panneau:

a | Billetterie automatique | ☐

b | Horaire | ☐

c | Guichet | ☐

6 Avant de monter dans le train, il faut ...

a oublier son billet. ☐

b composter son billet. ☐

c mettre ses bagages à la consigne. ☐

7 Si on voyage la nuit, on peut réserver ...

a une couchette. ☐

b une consigne. ☐

c une salle d'attente. ☐

8 Les trains qui font de longues voyages, mais très vite, s'appellent ...

a la SNCF. ☐

b les TGV. ☐

c les trains de banlieue. ☐

2 Questions et réponses

Trouve les paires.
1 Ex. ..*d*.., **2** ...., **3** ...., **4** ...., **5** ...., **6** ...., **7** ....

1 Le train part de quel quai?	**a** Le train de neuf heures et demie pour Grenoble.
2 Le prochain train pour Paris part à quelle heure?	**b** Oui, pour les TGV, c'est obligatoire.
3 C'est direct?	**c** Là-bas, au guichet.
4 Où est-ce que je peux acheter un billet?	**d** Il part du quai numéro sept.
5 Où est-ce qu'on peut acheter un journal?	**e** Non, il faut changer à Lyon.
6 Est-ce qu'il faut réserver sa place dans le train?	**f** Là-bas, au kiosque.
7 Vous prenez quel train?	**g** À dix-huit heures quarante.

Encore Tricolore 2 nouvelle édition © Honnor, Mascie-Taylor, Nelson Thornes 2001

On prend le train

1 À la gare

Trouve le texte qui correspond à chaque image.
1 Ex. ...*e*..., **2** ...., **3** ...., **4** ....

a Où sont les toilettes?
b Où est la consigne?
c Où est le bureau des renseignements?

d Où est la salle d'attente?
e Où est le guichet?
f Où sont les téléphones?

2 Les billets

Trouve le texte qui correspond à chaque image.
1 Ex. ...*d*..., **2** ...., **3** ...., **4** ...., **5** ....

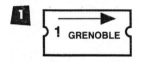 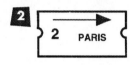 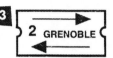  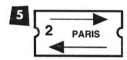

a Un aller-retour pour Paris en deuxième classe.
b Un aller simple pour Grenoble en deuxième classe.
c Un aller-retour pour Paris en première classe.
d Un aller simple pour Grenoble en première classe.

e Un aller-retour pour Grenoble en première classe.
f Un aller simple pour Paris en deuxième classe.
g Un aller-retour pour Grenoble en deuxième classe.

3 Un lexique à faire

1 C'est ....?
  How much is it?
2 Est-ce qu'il faut payer un supplément?
  Do you have to ....?
3 C'est q..?
  Which platform is it?
4 Le prochain train pour Paris part à quelle heure?
  What time is ....?
5 ....?
  Is it direct?
6 Est-ce qu'il faut changer?
  Do you have to ....?
7 Il arrive à quelle heure?
  What time does ....?
8 Cette place est libre?
  Is .... free/available?

4 Invente la conversation

*You are at the station and you are buying a train ticket.
You also want to know when the train leaves.*

1 Toi:

1 L' employé(e):
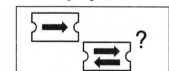

2 Toi:
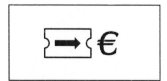

2 L'employé(e):

64€

3 Toi:
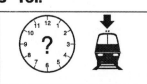

3 L'employé(e):

15:25

Max à Paris (1)

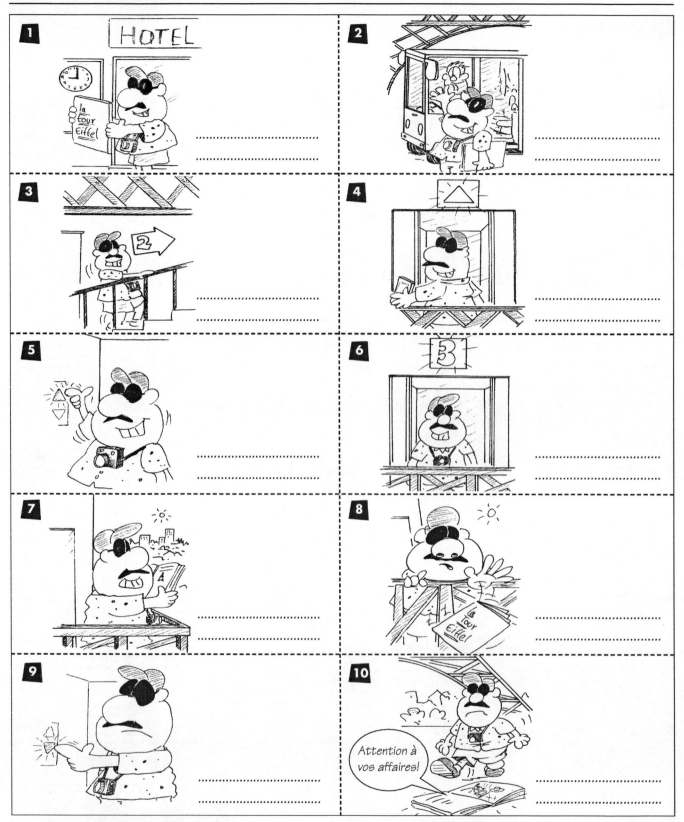

Copie le bon texte pour chaque dessin.

Il est resté un bon moment au sommet.
Il est monté au deuxième étage par l'escalier.
Enfin, il est arrivé au troisième étage.
Puis il est entré dans l'ascenseur.
Max est descendu par l'ascenseur.

L'ascenseur est monté lentement.
Max est parti de son hôtel à neuf heures.
Soudain, son livre est tombé du sommet.
Il est sorti de l'ascenseur. Voilà son livre!
Il est allé à la Tour Eiffel en bus.

Encore Tricolore 2 nouvelle édition © Honnor, Mascie-Taylor, Nelson Thornes 2001

Max à Paris (2)

Max est parti de son hôtel à neuf heures.	**Il est monté au deuxième étage par l'escalier.**
Puis il est entré dans l'ascenseur.	**L'ascenseur est monté lentement.**
Enfin, il est arrivé au troisième étage.	**Il est resté un bon moment au sommet.**
Soudain, son livre est tombé du sommet.	**Max est descendu par l'ascenseur.**
Il est sorti de l'ascenseur. Voilà son livre!	**Il est allé à la Tour Eiffel en bus.**

À la montagne

1 Cédric à la montagne

A *Remplis les blancs.*

1 Cédric Ex. ...*est*... ...*parti*... pour la montagne. (partir)

2 Il .... très lentement. (monter)

3 Il .... au sommet. (arriver)

4 Son sac à dos .... (tomber)

5 Il .... très vite. (descendre)

6 Il .... dans un petit café. (entrer)

7 Il .... très rapidement. (sortir)

8 Il .... à la maison. (rentrer)

B *Trouve les images qui correspondent.*
1 Ex. ...*e*..., 2 ......, 3 ......, 4 ......, 5 ......, 6 ......, 7 ......, 8 ......

C *Tu es Cédric. Raconte ta journée.*
Exemple: « Je suis parti pour la montagne. »

....

....

....

....

....

....

....

....

2 Les mots mêlés

Trouve 11 verbes en français et complète le lexique.

R	E	T	O	U	R	N	E	R
O	E	N	T	R	E	R	I	E
P	H	T	O	M	B	E	R	A
A	S	O	R	T	I	R	A	L
R	N	I	P	U	D	O	R	L
T	A	M	O	U	R	I	R	E
I	Î	N	D	V	E	N	I	R
R	T	A	H	I	É	P	V	R
S	R	T	M	O	N	T	E	R
D	E	S	C	E	N	D	R	E
R	E	S	T	E	R	S	O	A

anglais infinitif	français infinitif	participe passé
to arrive	....	....
to leave	....	....
to come	....	....
to go	....	....
to enter	....	....
to go out	....	....
to go up	....	....
to go down	....	....
to be born	naître	....
to die	mourir	....
to stay	....	....
to fall	....	....
to return	....	....

Encore Tricolore 2 nouvelle édition © Honnor, Mascie-Taylor, Nelson Thornes 2001

aller et sortir

1 Où sont-ils allés?

Suis les lignes pour trouver la réponse.
Complète les phrases.

1 Moi, je **Ex.** *.suis allé(e).au cinéma.*.........................

2 Et toi, Émilie, ...

3 Bruno ....

4 Sophie ....

5 Nous ....

6 Et vous, vous ....

7 Patrice et Jérôme, ils ....

8 Géraldine et Maxime, elles ....

2 Et toi?

Écris trois phrases pour décrire la semaine dernière.
Exemple:

Lundi, je suis allé(e) à la piscine. ....

Mercredi, mes amis sont allés au stade. ....

Samedi, nous sommes allés aux magasins. ....

3 Qui est sorti avec qui?
Un jeu de logique

Complète la grille pour trouver la réponse.

Les indices

Sophie est allée au cinéma.

Nicole a bien aimé le concert.

Frank a vu un bon film.

Charlotte n'est pas allée danser.

Bruno a regardé un match passionnant.

Pierre n'est pas allé au concert.

La solution

1 Charlotte est sortie avec ....

2 Hélène est sortie ....

3 Nicole est ....

4 Sophie ....

OÙ: QUI:	concert	cinéma	match de basket	discothèque
les filles				
Charlotte		X		
Hélène		X		
Nicole		X		
Sophie	X	✓	X	X
les garçons				
Bruno				
Frank				
Sébastien				
Pierre				

Encore Tricolore 2

Dans le passé

1 Mots croisés

Horizontalement

1 Elles sont ar... à la gare à l'heure.
3 On est arrivé en ville et ... est entré dans la cathédrale.
6 Samedi soir, Pierre est s... avec ses amis.
8 ... es arrivé en retard.
9 Le peintre, Claude Monet, est m... à Giverny à l'âge de 86 ans.
12 Ils sont d... du train à Rouen.
14 ... chat noir est sorti de la maison.
15 Où ...-tu allé ce matin?
18 L'écrivain, Jules Verne, est ... à Nantes.
19 Les élèves sont r... en France, le 29 avril.

Verticalement

1 Lucie et ses amis sont a... à Montréal en avion.
2 Dimanche matin, je suis r... au lit.
4 ... sommes rentrés tard, vers minuit.
5 Les élèves sont p... en car à sept heures.
7 Tu veux un pain au chocolat ... un croissant?
9 Le touriste est m... à la Tour Eiffel.
10 Nos amis anglais sont v... au collège mardi dernier.
11 Les livres sont ... par terre.
13 ... personne est rentrée sur le bateau.
16 ... suis allé en ville.
17 Est-ce que ... es montée à la Tour Olympique à Montréal, Lucie?
18 L'inventeur, Louis Braille, est ... en France en 1809.

2 Où sont-ils allés?

Suis les lignes et écris les réponses.
Exemple: 1 *Hélène est allée à la piscine.*

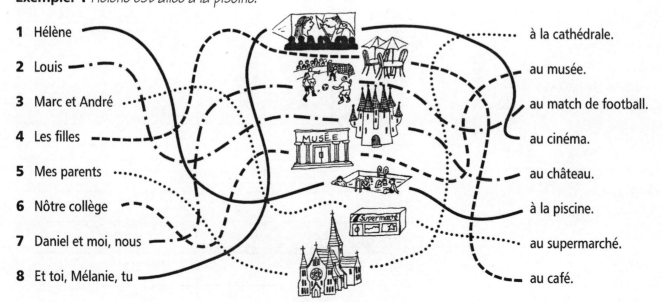

1 Hélène
2 Louis
3 Marc et André
4 Les filles
5 Mes parents
6 Nôtre collège
7 Daniel et moi, nous
8 Et toi, Mélanie, tu

à la cathédrale.
au musée.
au match de football.
au cinéma.
au château.
à la piscine.
au supermarché.
au café.

Encore Tricolore 2 nouvelle édition © Honnor, Mascie-Taylor, Nelson Thornes 2001

Cartes postales des vacances

1 Dans quel pays sont-ils allés?

Lis les cartes postales pour trouver les réponses.

1
Il fait très chaud ici en Afrique. Hier, j'ai visité le Parc National du Niokolo Koba. On a vu des lions, des hippopotames et des éléphants. C'était fantastique.

Nicole

2
On a pris l'avion jusqu'à Genève, puis un car jusqu'à Zermatt. Il a beaucoup neigé, mais j'ai fait du ski presque tous les jours.

Frank

3
Nous avons passé trois jours à Montréal où nous avons vu la ville souterraine, la Tour Olympique et un match de baseball. Maintenant, nous faisons du camping à la montagne. C'est joli.

Philippe et Martine

4
Il fait très chaud ici et il y a beaucoup de touristes. Hier, nous avons visité le Colisée – c'est impressionnant. Papa veut visiter tous les monuments romains mais moi, je préfère aller au café et manger des glaces.

Sophie

5
On s'amuse beaucoup ici. On a fait une excursion en bateau-mouche, on a visité le Louvre et bien sûr, on est montées à la Tour Eiffel.
À bientôt,
Hélène et Charlotte

6
Nous sommes arrivés à Marrakech, vendredi. C'est une ville ancienne, très intéressante. Hier, nous avons visité la Médina (une sorte de marché). Mes parents ont acheté un tapis et moi, j'ai acheté un portefeuille.
Amitiés,
Laurent

1 **Ex.** *Nicole est allée au Sénégal.*　　4 ....

2 ....　　5 ....

3 ....　　6 ....

2 Des cartes postales en symboles

Écris les messages en français.
Exemple:

1 *Nous sommes arrivés ici, lundi. Il fait beau. Hier, nous sommes allés à la plage et nous avons fait de la voile.*

3 À toi!

À toi d'écrire une carte postale.

Écoute et parle 🎧

1 À la française

Many words look the same in English and French but they are pronounced differently.

Listen to the French pronunciation of each word and repeat it.

Écoute et répète.

1 arrive   4 destination   7 train
2 attention   5 port   8 transport
3 camp   6 queue

2 Et après?

Écoute le numéro et dis et écris le numéro qui suit.

Ex. ....*4*...., ..., ..., ..., ..., ..., ..., ...

3 Des phrases ridicules

The letter 'u' on its own or between consonants is a very special sound in French. Say it with rounded lips (as though you are going to whistle).

It is different from the sound of the letters 'ou', which is like oo in 'boot'.

Lis chaque phrase, puis écoute et répète.

En août, tout le groupe joue aux boules sur la pelouse à Toulouse.

Dans la rue, Hercule a vu la statue d'une tortue.

4 Les terminaisons

-ment
Écoute, répète et écris la bonne lettre.

(vraiment)

These words end in -ly in English. They are all adverbs

1 Ex. ...*f*..., **2** ...., **3** ...., **4** ...., **5** ...., **6** ....

a absolument   c lentement   e spécialement
b évidemment   d rarement   f vraiment

5 Vocabulaire de classe

Écoute et complète le texte.

1 Complète les **Ex.** .. *phrases*.....................
2 Copiez .... devoirs.
3 Écoute .... vérifier les réponses.
4 J'ai oublié .... trousse.
5 Je n'ai pas .... mes devoirs.
6 Une personne regarde cette page, l'autre regarde la page ....
7 Trouve le mot qui ne .... pas avec les autres.

6 Des conversations

Écoute les questions et réponds comme indiqué, puis écoute pour vérifier.

1 À la gare
– On peut vous aider?
–
– Voilà.
–
– À onze heures trente-cinq.
– | *quai?* |
– Quai numéro deux.

2 Samedi dernier
– Tu es sorti(e) à quelle heure?
–
– Où es-tu allé(e)?
– | *centre sportif* |
– Tu es rentré(e) comment?
–

3 Un voyage récent
– Vous êtes partis à quelle heure?
–
– Quand êtes-vous arrivés à Lille?
–
– Vous êtes restés combien de temps en France?
– | *6 jours* |

Tu comprends?

1 On part en vacances

Écoute les conversations et note les détails pour chaque groupe de voyageurs.

1 Ex. ...*d.f.a*.........

2 ....

3 ....

4 ....

5 ....

6 ....

Où

a Allemagne
b Angleterre
c Espagne
d France
e Italie
f Suisse

Quand

a 21/05
b 18/06
c 30/07
d 02/08
e 19/09
f 27/10

Comment

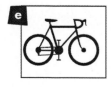

2 Les annonces à la gare

Écoute les annonces et complète le tableau.
Écris les deux détails qui manquent pour chaque annonce.

	Trains au départ			
	Départ	*Destination*	*Notes*	*Quai*
1	Ex. *10h05*	Marseille	–	
2			Retard: 00h20	5
3		Dijon	changement de quai	
4		Lyon		6
5		Montpellier	–	
6		Genève	changement de quai	

3 Présent ou passé?

Écoute les conversations. Si on parle du présent, écris **PR**. *Si on parle du passé, écris* **PC**.

1 Ex. ...*PC*....   **4** ....   **7** ....

2 ....   **5** ....   **8** ....

3 ....   **6** ....

4 Des vacances en Normandie

Écoute et complète le texte avec les mots de la case ci-dessous.

Pendant les vacances de **1** Ex. .....*Pâques*........, je suis parti avec un groupe de jeunes en Normandie. Nous avons fait du camping. J'ai partagé une tente avec **2** .... autres garçons.

Chaque jour, on a travaillé par équipe. Une équipe est allée à la **3** .... pour acheter du pain. Une équipe a cherché de l'**4** .... Une équipe a préparé les sandwichs pour le pique-nique et une équipe a fait la **5** ....

Un jour, nous sommes allés à la **6** .... à vélo. Nous sommes partis à neuf heures et nous sommes arrivés à la plage à **7** .... heures. Nous sommes restés là-bas un bon moment. Mais quand nous sommes **8** ...., nous avons pris la mauvaise direction. Finalement, nous sommes arrivés au camping, très fatigués, à **9** .... heures du soir.

boulangerie eau onze Pâques plage rentrés
sept trois vaisselle

SOMMAIRE

Complète le sommaire avec des mots anglais.

1 Asking for information about train journeys

Pardon, Monsieur/ Madame, ...	Excuse me, ...
Le train pour Paris part à quelle heure?	What time does the train for Paris ....?
Le train pour Rouen part de quel quai?	Which .... does the train for Rouen leave from?

2 Asking where places are

Où est ..., s'il vous plaît?	Where is ... please?

3 Recognising station signs and other words connected with journeys

un billet	....
la salle d'attente	waiting ....
la consigne	left luggage
le quai	platform
le buffet	buffet
le bureau de renseignements	information office
composter votre billet	to validate ('date stamp') your ticket
le guichet	ticket office
fumeurs/non-fumeurs	smoking/non-smoking
le kiosque	kiosk
une réservation	reservation, reserved seat
les toilettes (f pl)	toilets
la voie	track, platform
trains au départ	.... board
arrivées (f pl)	arrivals
le tableau des horaires (m)	timetable

4 Buying a ticket

un aller simple pour Bordeaux	a .... ticket for Bordeaux
un aller-retour pour La Rochelle	a .... ticket for La Rochelle

5 Asking if the seat is free

C'est occupé?	Is this place taken?
Non, c'est libre.	No, it's ....
Oui, c'est occupé.	Yes, it's taken

6 Understanding other travel vocabulary

à l'heure	on time
de bonne heure	....
en retard	....
l'aéroport	airport
un avion	....
le vol	....

l'autoroute	motorway
à bord	on board
la gare	....

7 Using the present tense of the verb *partir* (to leave)

je pars	*nous partons*
tu pars	*vous partez*
il/elle/on part	*ils/elles partent*

8 Understanding *il faut* (and *il ne faut pas*) + infinitive

Il faut composter son billet avant de monter dans le train.	You have to validate your ticket before getting on the train.
Il ne faut pas mettre les pieds sur les bancs.	You shouldn't put your feet on the seats.

9 Using the perfect tense of verbs (with *être*)

The 13 most common verbs are:

monter	to ....
descendre	to go down
tomber	to ....
rester	to ....
venir	to ....
aller	to go
sortir	to leave, go out
entrer	to enter, go in
mourir	to ....
naître	to be ....
arriver	to arrive
partir	to ....
retourner	to return

10 Making the past participle agree when necessary, (see also pages 88 and 89)

Add -*e* if the subject is feminine.

Add -*s* if the subject is plural (masculine or mixed groups).

Add -*es* if the subject is plural and feminine, e.g.

je suis allé(e)	*nous sommes allé(e)s*
tu es allé(e)	*vous êtes allé(e)(s)*
il est allé	*ils sont allés*
elle est allée	*elles sont allées*

Rappel

1 Des mots mêlés

Trouve cinq magasins et cinq choses qu'on peut manger au petit déjeuner.

- Des magasins

  une ....

  une ....

  une ....

  une ....

  une ....

- Pour le petit déjeuner, il y a ...

  des ....

  des ....

  du ....

  du ....

  de la ....

P	Â	T	I	S	S	E	R	I	E	É
É	B	C	É	R	É	A	L	E	S	U
B	O	U	L	A	N	G	E	R	I	E
S	U	Œ	F	C	D	Œ	U	F	S	M
U	C	O	N	F	I	T	U	R	E	S
C	H	A	R	C	U	T	E	R	I	E
A	E	S	U	P	O	L	A	T	H	P
E	R	É	P	I	C	E	R	I	E	A
R	I	T	S	D	L	N	U	É	O	I
B	E	U	R	R	E	A	H	Y	S	N

2 Des listes

Regarde les dessins et fais des listes.

- 4 fruits

  des ....

  des ....

  des ....

  des ....

- 4 légumes

  un ....

  un ....

  des ....

  des ....

- 4 boissons

  du ....

  du ....

  du ....

  de la ....

3 Mots croisés (la nourriture)

Horizontalement

1 Comme hors-d'œuvre, il y a du ... de légumes.

6 Comme dessert, il y a ... tarte aux pommes.

7 Quelquefois, on mange un fruit, comme du m... comme hors-d'œuvre.

10 Moi, j'adore les fraises. Et toi, quel est ton ... préféré?

11 Est-ce qu'... sont bonnes, ces pêches?

14 On achète une boîte de t... pour faire une salade.

15 Mon ami ne mange pas de ... parce qu'il est végétarien.

Verticalement

1 Normalement, je mange un fruit, comme une ... pendant la récréation.

2 Comme boisson, il y a de l'... minérale.

3 J'adore ce gâteau, mais à 20 euros, c'est un peu c...

4 Ma sœur ne mange pas de viande rouge, mais elle mange du ...

5 Pour le goûter, je mange souvent un fruit comme une pomme ou une p...

8 Pour le déjeuner, j'adore du poulet avec des f...

9 Comme boisson, il y a du s... de citron.

12 Vous prenez le café avec du l... et du sucre?

13 Tu cherches des yaourts? Ils ... dans le frigo.

ÉPREUVE: Écouter 🎧

A Dani est à la gare

Écoute et choisis la bonne lettre.

1 Ex. ..b.., **2** ...., **3** ...., **4** ...., **5** ...., **6** ...., **7** ......

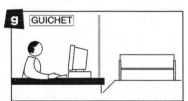

⟨6⟩

B Quatre voyageurs

Écoute les conversations.

Indique l'heure de départ et le moyen de transport utilisé (en bateau, à pied, en avion, en voiture ou en train).

	le moyen de transport	l'heure de départ
1	**Ex.** *en bateau*	*11h15*
2	....	....
3	....	....
4	....	....

 ⟨6⟩

C Céline et Emmanuel partent en train

Écoute les conversations et écris la bonne lettre.

1 Emmanuel a acheté: **Ex.** ...a.

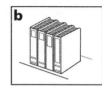
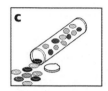

2 Céline a acheté: ......

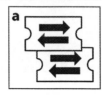
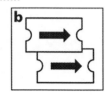
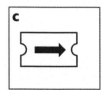

3 Le prix: ......
   a 69 euros   **b** 79 euros   **c** 89 euros

4 Est-ce qu'il faut changer? ......
   a C'est un TGV direct.
   b C'est un TGV, mais il faut changer.
   c C'est un train direct.

5 Le train part de: ......

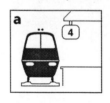
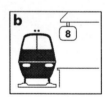
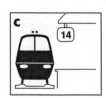

6 Les places: ......
   a Il n'y a pas deux places ensemble.
   b Tout le compartiment est occupé.
   c Il y a beaucoup de places libres.

7 Céline préfère: ....

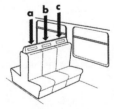

⟨6⟩

D François le contrôleur

Listen to the interview and answer the questions in English.

1 Who does François work for?
   Ex. *French Railways*

2 Will he be starting work earlier or later next week?
   ....

3 François is a ticket inspector. Apart from checking that passengers have a train ticket, what else does he need to check?
   ....

4 How many passengers did he find yesterday who didn't have a ticket?
   ....

5 How long does the journey normally last?
   ....

6 Where does he go when he arrives in Lyon?
   ....

7 Mention one thing that he likes about the job and one thing that he dislikes. (2)
   ....

 ⟨7⟩   ⟨25⟩
TOTAL

Encore Tricolore 2 nouvelle édition © Nelson Thornes 2001

ÉPREUVE: Parler

A *Choisis une conversation: 1 ou 2. Prépare la conversation avec un(e) partenaire, puis travaille avec ton professeur.*

1 *Tu es à la gare.*

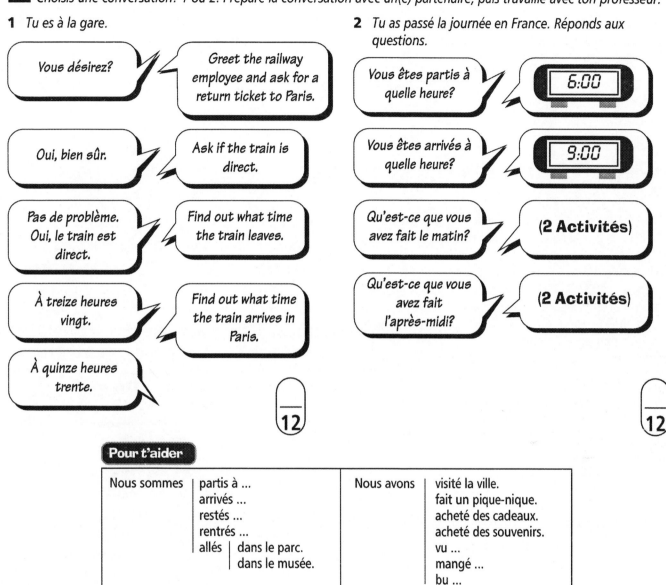

2 *Tu as passé la journée en France. Réponds aux questions.*

1:

Vous désirez?	Greet the railway employee and ask for a return ticket to Paris.
Oui, bien sûr.	Ask if the train is direct.
Pas de problème. Oui, le train est direct.	Find out what time the train leaves.
À treize heures vingt.	Find out what time the train arrives in Paris.
À quinze heures trente.	

(12)

2:

Vous êtes partis à quelle heure?	6:00
Vous êtes arrivés à quelle heure?	9:00
Qu'est-ce que vous avez fait le matin?	(2 Activités)
Qu'est-ce que vous avez fait l'après-midi?	(2 Activités)

(12)

Pour t'aider

Nous sommes	partis à …	Nous avons	visité la ville.
	arrivés …		fait un pique-nique.
	restés …		acheté des cadeaux.
	rentrés …		acheté des souvenirs.
	allés	dans le parc.		vu …
		dans le musée.		mangé …
				bu …

B *Maintenant, prépare une conversation avec un(e) partenaire. Ensuite, travaille avec ton professeur.*

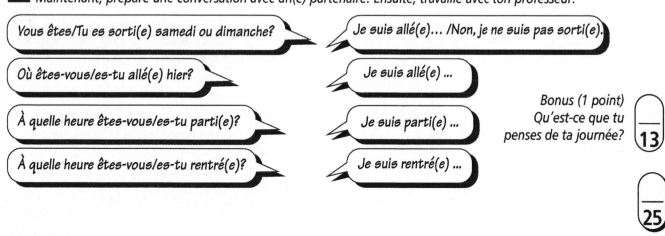

Vous êtes/Tu es sorti(e) samedi ou dimanche?	Je suis allé(e)… /Non, je ne suis pas sorti(e).
Où êtes-vous/es-tu allé(e) hier?	Je suis allé(e) …
À quelle heure êtes-vous/es-tu parti(e)?	Je suis parti(e) …
À quelle heure êtes-vous/es-tu rentré(e)?	Je suis rentré(e) …

Bonus (1 point) Qu'est-ce que tu penses de ta journée? (13)

(25)

TOTAL

ÉPREUVE: Lire

A   Pierre est à la gare

Trouve les paires.
1 Ex. ..*g*.., **2** ...., **3** ....,
4 ...., **5** ...., **6** ...., **7** ....

1 Pierre veut acheter un billet.
2 Il veut quitter la gare.
3 Il veut savoir l'heure de son train.
4 Il veut valider son billet.
5 Il veut manger.
6 Il veut monter dans le train.
7 Il veut se reposer en attendant son train.

a Le bureau des renseignements
b Accès aux quais
c Sortie
d Compostez ici
e Buffet
f Salle d'attente
g Réservations

B   Jeanne va en train à Paris

Lis le texte et écris la bonne lettre.

Jeanne est sortie de la maison à neuf heures et demie. Elle est allée à la gare en taxi. Elle a acheté un aller-retour pour le train de 10h10 pour Paris. Elle a voulu monter dans le train tout de suite, mais un passager lui a dit « Il faut composter votre billet, Mademoiselle. » Elle est vite allée composter son billet. Avant de monter dans le train, elle a aussi mangé un sandwich. Elle est montée dans le train et il est bien parti à 10h10. Une heure plus tard, le train est arrivé à Paris. Elle a cherché la consigne pour laisser sa valise, mais c'était fermé.

1 Le moyen de transport à la gare: Ex. ..*c*...
   a à pied   **b** à velo   **c** en voiture
2 Elle a acheté ....
   a un aller simple.
   b un aller-retour
   c deux allers-retours.
3 Qui a parlé à Jeanne? ....
   a un voyageur   **b** un employé   **c** un ami
4 Qu'est-ce qu'on lui a dit? ....
   a Il faut valider le billet.
   b Il faut monter dans le train.
   c Il faut réserver une place.
5 Avant de monter dans le train, elle est allée ....
   a à la consigne.   **b** aux toilettes.   **c** au buffet.
6 Le train est parti ....
   a à l'heure.   **b** en retard.   **c** de bonne heure.
7 Le train est arrivé à ....
   a 10h10.   **b** 11h10.   **c** 12h10.
8 Jeanne a voulu ....
   a laisser sa valise à la gare.
   b prendre la valise avec elle.
   c oublier sa valise.

7

C   Paul va à la Tour Eiffel

Remplis les blancs avec les mots de la case.

Je suis **1** Ex. ....*sorti*........ de la maison à huit heures et je suis **2** .... à Paris à dix heures. Je suis allé à la Tour Eiffel et je suis **3** .... au troisième étage. C'était magnifique! J'ai **4** .... voir tout Paris. Quand je suis **5** .... , je suis **6** .... dans un magasin et j'ai acheté des cartes postales. Je suis **7** .... chez moi à cinq heures.

| arrivé | rentré | pu | monté |
| entré | descendu | sorti | |

D   Vacances de neige dans les Pyrénées

Lis cette lettre et réponds aux questions.

Bonjour des Pyrénées. On fait du ski tous les jours. Marc est super bon! Luc est toujours par terre, mais Marc ne tombe jamais. C'est un expert et c'est la première fois qu'il fait du ski! Il va faire un concours! La neige est merveilleuse, mais dangereuse. Une jeune fille a perdu la vie dans un accident.
   Mais le voyage pour arriver ici – quel désastre!
   Pauline est arrivée à la gare trop tard et nous sommes partis sans elle. Annette a oublié son billet et Georges a été malade dans le train. Jean a oublié sa valise dans le train et il a dû retourner à la gare lundi pour la rechercher.
   À bientôt,
   Angélique

1 Qui va faire un concours? Ex. ..*Marc*........
2 Qui est mort dans un accident? ....
3 Qui a manqué le train? ....
4 Qui n'avait pas de billet? ....
5 Qui n'a pas fait bon voyage? ....
6 Qui est retourné à la gare? ....
7 Qui est tombé souvent? ....

6   25

TOTAL

ÉPREUVE: Écrire et grammaire

A Jean parle de sa journée

Complète les phrases avec la forme correcte des verbes.

1 Le matin je suis **Ex.** ...*resté*........ à la maison. (rester)
2 L'après-midi je suis .... (sortir)
3 Je suis .... à la Tour Eiffel, à Paris, tout seul. (aller)
4 Le train est .... à une heure. (partir)
5 Le train est .... à deux heures. (arriver)
6 Je suis .... au troisième étage. (monter)
7 Vingt minutes plus tard, je suis .... au rez-de-chaussée. (descendre)
8 Je suis .... dans un café. (entrer)
9 Puis je suis .... chez moi. (rentrer) $\boxed{8}$

B Une visite à Londres

Yesterday you went to London. In French, write a postcard to your French friend. Write 6 sentences.

First mention:
- what time you left home
- how you travelled (train, coach etc.)
- where you went.

Then mention:
- a place of interest that you visited (e.g. the London Eye)
- how long you stayed in London
- what time you returned home.

Pour t'aider

Je suis	parti(e) ...
	arrivé(e) ...
	allé(e) ...
	monté(e) ...
	resté(e) ...
	rentré(e) ...
J'ai	vu ...
	visité ...

....
....
....
....
....
....
....
....
....
.... $\boxed{8}$

C Un voyage en France

Write an account of your day-trip to France in the perfect tense. Use the information sheet below to guide you.

You could say when you left school, when the boat left, when you arrived, what you saw and did during your guided tour of the town. You could also say that you went up onto the old castle walls, what you did in your free time and describe your return journey. Did you like your day out?

Exemple:

Je suis parti(e) le 5 mai à sept heures du matin ...

5 MAI

Départ du collège	7h00
Départ du bateau (Douvres)	9h30
Arrivée à Boulogne	11h30
Visite de la ville de Boulogne	12h00
Les remparts	13h00
Temps libre	13h30–15h30
Départ de Boulogne	16h00
Départ du bateau (Calais)	18h30
Arrivée au collège	21h00

....
....
....
....
....
....
....
....
....
.... $\boxed{9}$

.... $\boxed{25}$

TOTAL

Encore des vêtements

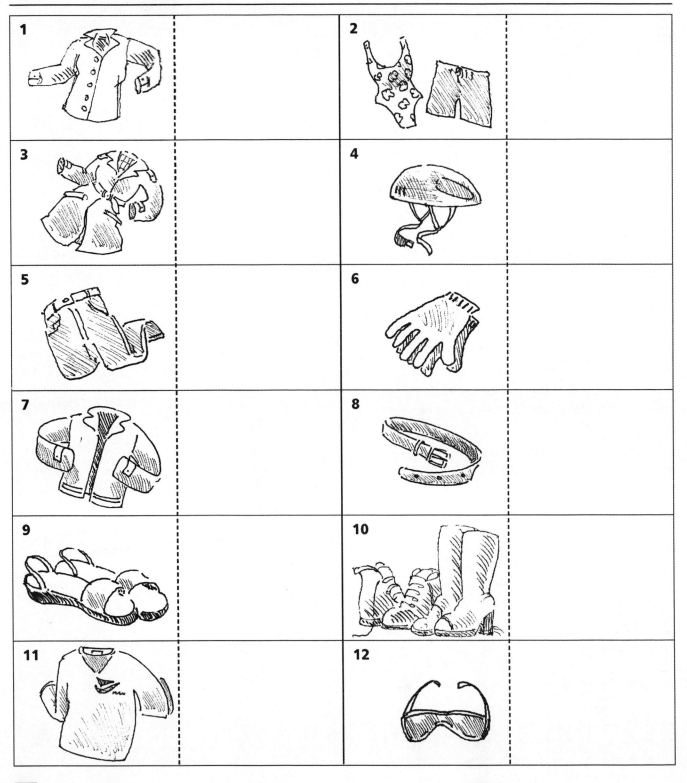

1

Écris le bon texte pour chaque image.
Exemple: 1h (une chemise)

a un sweat-shirt
b des gants (m pl)
c une veste
d une ceinture
e un imperméable
f un jean
g des maillots (m pl) de bain
h une chemise
i des sandales (f pl)
j des bottes (f pl)
k un casque
l des lunettes (f pl) de soleil

2

Colorie les vêtements comme tu veux,
puis écris une description.
Exemple: le sweat-shirt est bleu / les
gants sont noirs / la veste est verte
etc.

Encore Tricolore 2 nouvelle édition © Honnor, Mascie-Taylor, Nelson Thornes 2001

mettre

1 En vacances

Les vacances sont arrivées, mais qu'est-ce qu'on met?
Ces jeunes discutent des vêtements.
Suis les lignes et complète la conversation.

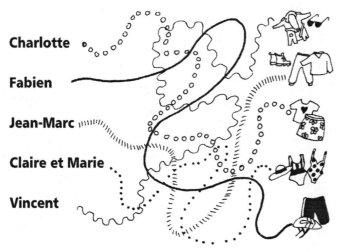

Charlotte

Fabien

Jean-Marc

Claire et Marie

Vincent

Charlotte: Alors, tout le monde, qu'est-ce que vous mettez pendant les vacances? Moi, j'aime les vêtements décontractés, alors je m...................... un .... et une ....

Et toi, Fabien, qu'est-ce que tu m................, de préférence?

Fabien: Comme j'adore le cyclisme, je m........................ souvent un .... et mon .... – c'est moins dangereux.

Jean-Marc va passer des vacances à la montagne, alors il m........................ des ...., un .... et un ....

Claire: Ah bon, mais **Marie** et moi, nous aimons le soleil et nous allons souvent à la plage. Nous m........................ chacune un .... Mais moi, je m........................ toujours un .... pour me protéger un peu du soleil.

Charlotte: Et toi, Vincent. Tu pars en vacances en Grande-Bretagne, non? Qu'est-ce que tu m.........................?

Vincent: Alors je prends des précautions. Dans ma valise je m........................ mon .... et mes .... On ne sait jamais!

2 Mots croisés

Horizontalement

1 Pour faire du ski, les enfants m... des bottes.
5 Pour faire de l'athlétisme, on m... un short et un T-shirt.
7 Tu ... lèves tôt! Ne mets pas ton uniforme – c'est dimanche!
8 Quand il fait très chaud, on m... un T-shirt.
9 Il fait froid. Mets ... veste!
12 Pour faire du cyclisme, on ... un casque.
13 Tu vas à la boum. Qu'est-ce que ... vas mettre?
14 Pour aller à la discothèque, je m... mon jean et un T-shirt noir.
15 Qu'est-ce que tu ... mis pour la fête, hier soir?
17 Tu as vu Linda? ... a mis sa robe longue.
18 Il neige dehors. ... vos bottes et votre imperméable!

Verticalement

1 Pour aller au collège, nous m... un uniforme.
2 ... as mis ton sweat-shirt ou ta veste?
3 J'ai mis ma chemise blanche ... ma veste.
4 Je ... mets pas mon sweat-shirt quand il fait chaud.
5 Pour aller à la piscine, je ... un maillot de bain.
6 Pour aller à la boum, j'ai mis ma nouvelle jupe ... mon T-shirt orange.

8 Vous ... vos casques si vous allez faire un tour de vélo.
10 Pour aller ... collège, j'ai mis mes affaires dans mon sac à dos.
11 Je ne sais pas où j'ai ... mon stylo.
12 Chaque anniversaire, ma mère ... donne un T-shirt.
14 Le dimanche, je ... lève à dix heures.
16 Les garçons ont mis leurs vêtements d'hiver. ... ont froid.

C'est utile, le dictionnaire!

Looking up adjectives

An adjective is a word, like 'happy', 'large', 'green', 'slimy' etc., that tells you more about a noun. When looking up an adjective, you need to look for the masculine singular form.

This is what you might find if you looked up the regular French adjective *haut*.

No other forms are supplied in the dictionary if the adjective is regular.
You add:
nothing for a masculine singular word, e.g. *le mur est haut;*
-e for a feminine singular word, e.g. *la tour est haute;*
-s for a masculine plural word, e.g. *les murs sont hauts;*
-es for a feminine plural word, e.g. *les tours sont hautes.*

Here is another example.

a
This tells you that the word is an adjective.

haut [o] *a.* (**a**) high; **mur h. de cinq mètres** wall five metres high; **à mer haute** at high tide (**b**) important, great; **h. fonctionnaire** high-ranking official (**c**) raised; **voix haute** loud voice; **lire à haute voix** to read aloud (**d**) upper, higher; **le plus h. étage** the top floor

h. is used in place of **haut** to save space in this example.

(**a**), (**b**), (**c**) and (**d**) are slightly different meanings and there are some examples to show the word in use.

a
This tells you it's an adjective.

This time, the feminine form is given as well, as it's irregular.

longue
This has been given in full, as the feminine form is used.

long, longue [lɔ̃, lɔ̃g] *a.* long (**a**) *(of space)* **corde longue de cinq mètres** rope five metres long (**b**) *(of time)* **c'est un travail l. à faire** it's time-consuming work; **à la longue** in the long run

l. is in place of **long** to save space.

(**a**), (**b**)
Two meanings are given with examples.

1 Complète le tableau

singular masculine	feminine
a	grande
b	contente
c long	....
d triste	....
e blanc	....
f	chère
g délicieux	....
h bon	....

2 C'est comme l'anglais?

Souvent, on peut deviner le sens d'un mot. Complète la liste sans regarder dans le dictionnaire.

français	anglais
a énorme	....
b riche	....
c intéressant	....
d possible	....
e confortable	....
f immense	....
g parfait	....
h actif	....
i incurable	....

3 Attention aux 'faux amis'

There are some French words, called *faux amis*, which look the same as the English, but which have a different meaning. If you guess the meaning of a word and it doesn't seem right, check it in the dictionary.

Ces mots ont un sens différent en français. Pour compléter la liste tu peux regarder dans le dictionnaire.

français	anglais
a large	....
b grand	....
c joli	....
d mince	....
e gentil	....

Faites des descriptions

■1 Un congrès international

Voici des participants à un congrès en France.

A C'est qui?

1 Il a environ quarante ans. Il est assez grand, mais pas très grand. Il a les cheveux noirs et frisés et les yeux marron. Il a une petite barbe, mais il n'a pas de moustache. Il porte des lunettes.

C'est ....

2 Elle est assez jeune. Elle a les cheveux noirs et frisés et les yeux bruns. Elle porte des lunettes. Comme vêtements, elle porte un pull et une veste.

C'est ....

3 Moi, j'ai cinquante ans. J'ai les cheveux courts et gris et les yeux verts. Je porte des lunettes de soleil.

C'est ....

4 Et moi, j'ai vingt-cinq ans. Je suis assez grand. J'ai les cheveux blonds et raides en queue de cheval. J'ai les yeux bleus et je porte une casquette.

C'est ....

B Complète la déscription

Regarde l'image de Nina et complète la description.

Elle a environ trente **1** ....

Elle est assez **2** g...

Elle a de longs **3** .... noirs et

4 .... et les

5 .... bruns.

Elle **6** .... des lunettes.

■2 Quel type préfères-tu?

Un reportage de Jean-Philippe Olivier.
Les jeunes filles modernes, elles aiment quel type de garçons? Et les garçons – quelle sorte de filles préfèrent-ils? Pour le découvrir, j'ai fait un petit sondage des élèves, à la sortie d'un collège.

Voici une sélection des réponses à mes questions.

Complète chaque opinion avec le mot correct.

Corinne (15 ans): Un garçon **1** Ex. *intelligent* (intelligent / intelligente / intelligents) – c'est bien. Mais un garçon **2** .... (gentil / gentille / gentils), ça c'est l'idéal!

Richard (15 ans): Alors une fille assez **3** .... (grand / grande / grands) avec les cheveux blonds et les yeux **4** .... (bleu / bleue / bleus). Voilà mon idée!

Aurélie (13 ans): Les garçons m'énervent! J'ai déjà trois frères et ils sont **5** .... (impossible / impossibles)

Jamilla (16 ans): J'aime les garçons qui sont **6** .... (poli / polis / polies). C'est essentiel! S'ils sont **7** .... (beau / beaux / belle) en plus – c'est extra!

Frédéric (17 ans): Moi, je suis assez **8** .... (timide / timides) et je n'aime pas les filles très bruyantes. Une fille **9** .... (calme / calmes) – voilà ma préférence!

Florent (13 ans): Les filles, bof! Elles ne m'intéressent pas trop – sauf si elles sont **10** .... (sportif / sportive / sportives). Ma vraie passion – c'est le sport!

Les clowns

1 Complète les dessins

Dessine ...

1 le nez et les oreilles.　　**2** la bouche et le cou.　　**3** les yeux et les mains.　　**4** les jambes et les pieds.

2 Écris le bon texte

3 la ....

9 la ....

10 le doigt

1 le cou

2 les épaules

6 le ....

7 le ventre

4 le dos

11 le ....

8 la ....

5 le ....

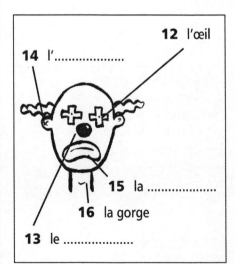

12 l'œil

14 l'..................

15 la ....

16 la gorge

13 le ....

Ça ne va pas 🎧

1 Moi, j'ai mal

Écoute et trouve la bonne image.

1 Ex. ....*e*...., **2** ...., **3** ...., **4** ...., **5** ...., **6** ...., **7** ...., **8** ....

2 On a mal, mais où?

Complète le texte.

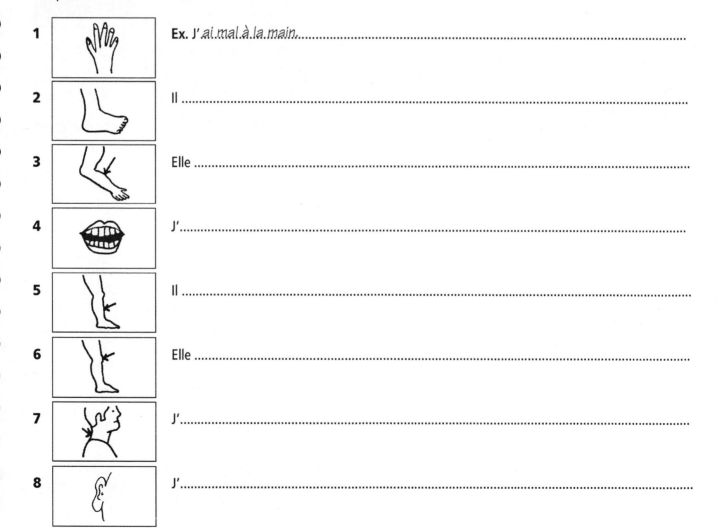

1   **Ex.** J' *ai mal à la main.* ....

2   Il ....

3   Elle ....

4   J' ....

5   Il ....

6   Elle ....

7   J' ....

8   J' ....

avoir – un verbe utile

1 Trouve les paires

1 Ex. ...*g*.., **2** ...., **3** ...., **4** ...., **5** ...., **6** ...., **7** ...., **8** ....

1 – Vous ...	**a** a une moustache et une petite barbe.
2 – Non, nous n'...	**b** ai un billet de 10 euros.
3 – Alors, moi, j'...	**c** toutes les deux les cheveux noirs et frisés.
4 – Zut! Tu ...	**d** avons pas d'argent.
5 Voilà nos correspondants qui arrivent. Voilà le prof. Il ...	**e** a les cheveux blonds et longs et elle porte un sweat-shirt blanc.
6 Ils ...	**f** ont beaucoup de bagages.
7 Voici ma correspondante. Elle ...	**g** avez de l'argent?
8 Ah, voici des jumelles. Elles ont ...	**h** as de la chance!

2 Remplis les blancs

A *Remplis les blancs avec les mots dans la case.*

1 Tu as **Ex.** ...*chaud*.....? Alors enlève ta veste.

2 Nous avons ...., alors nous allons directement au restaurant.

3 Il a ...., alors il va mettre un pull.

4 Il y a des boissons froides pour les personnes qui ont ....

5 Elle a ...., alors je vais appeler le médecin.

6 J'ai .... Est-ce que je peux ouvrir la fenêtre?

> **froid   chaud   faim   soif**
> **de la fièvre   chaud**

B *Trouve l'image qui correspond.*

1 Ex. ..*f*..., **2** ....., **3** ....., **4** ....., **5** ....., **6** .....

3 Un petit lexique

Cherche dans le dictionnaire pour compléter la liste.

français	anglais
avoir	to be hot
avoir de la fièvre	....
....	to be hungry
....	to be cold
avoir soif	....
avoir lieu	....
avoir peur	....
avoir raison	....
avoir sommeil	....
avoir tort	....

4 Cinq expressions

Dans chaque phrase, il y a une expression avec 'avoir'.
Souligne l'expression et note le sens en anglais.
Exemple: 1 *Tu as raison.* La réponse est correcte.
You are right.

1 Tu as raison. La réponse est correcte.

....

2 Le match de rugby a lieu au stade.

....

3 J'ai sommeil, alors je vais me coucher.

....

4 Ah non, ce n'est pas correct. Vous avez tort.

....

5 Tout le monde a peur de quelque chose, et moi, j'ai peur des serpents.

....

On est malade

1 Au téléphone 🎧

La famille Lenoir organise une fête. Ils font les courses au supermarché. Tu es seul(e) à la maison. Tu réponds au téléphone et tu prends des messages.

1
M. et Mme Clémenceau ne peuvent pas venir, parce qu'ils ......
....
.... *et le chat* ....
....

2
Annette ne peut pas venir, parce que ....
....
....

3
La famille Durand va arriver un peu tard. Ils vont chez le médecin, parce que le bébé ....
....
....

4
Les cousins sont malades. Jeanne ....,
....,
Paul ....
....,
et les deux enfants ....

2 🗣 Chez le médecin

Jetez un dé ou choisissez des numéros entre 1 et 6 pour faire des conversations.
Exemple:

A   **B**   **C**   **D**   **E**

– Je voudrais prendre un rendez-vous, s'il vous plaît.
– Oui, (A3) mercredi à onze heures dix, ça va.
– Oui, ça va, merci.

– Alors qu'est-ce qui ne va pas?
– J'ai mal (B5) à la tête et (C4) j'ai très froid.
– Ah oui. Bon. (D6) Restez à la maison aujourd'hui.
– C'est grave?
– Non, ce n'est pas grave.

3 Tu comprends le médecin?

Complète la liste.

français	**anglais**
Qu'est-ce qui ne va pas?	....
....	*My head hurts.*
Ça va mieux?	....
....	*It's not serious.*
Est-ce que vous dormez bien?	....
....	*Drink plenty of water.*
Avez-vous de la fièvre?	....
....	*Don't eat today.*
C'est quel nom, s'il vous plaît?	....
....	*Stay in bed.*

A
1 lundi, 09h15
2 mardi, 10h30
3 mercredi, 11h10
4 jeudi, 12h20
5 vendredi, 14h45
6 demain, 16h00

B
1 au dos
2 au ventre
3 à l'oreille
4 à la gorge
5 à la tête
6 aux yeux

C
1 J'ai de la fièvre.
2 J'ai très chaud.
3 J'ai soif tout le temps.
4 J'ai très froid.
5 Je ne peux pas dormir.
6 Je suis fatigué tout le temps.

D
1 Ne mangez pas aujourd'hui.
2 Buvez beaucoup d'eau minérale.
3 Venez me voir la semaine prochaine.
4 Je vais vous donner une ordonnance.
5 Restez au lit.
6 Restez à la maison aujourd'hui.

Écoute et parle 🎧

1 À la française

Many words look the same in English and French but they are pronounced differently.

Listen to the French pronunciation of each word. Repeat it.

Écoute et répète.

1 accident
2 CD
3 invitation
4 possible
5 pyjama
6 sport
7 spécial
8 surprise

2 Et après?

Écris 1–8. Écoute la lettre et dis et écris la lettre qui suit dans l'alphabet.

1 Ex. ..*e*.., **2** ....., **3** ....., **4** ....., **5** ....., **6** ....., **7** ....., **8** .....

3 Des phrases ridicules

Often when a vowel (a, e, i o, u) is followed by m or n, the vowel is pronounced slightly differently. These are called **nasal vowels**. Here are two of them:

- -am, -an, -em, -en
- -on

Lis chaque phrase, puis écoute et répète.

Cent enfants chantent en même temps.

Le cochon de mon oncle Léon adore le melon.

4 Les terminaisons

-ure
Écoute, répète et écris la bonne lettre.

These words are usually feminine nouns.

coiffure

1 Ex. ..*d*.., **2** ...., **3** ...., **4** ...., **5** ...., **6** ....

a aventure
b écriture
c ceinture
d coiffure
e confiture
f voiture

5 Vocabulaire de classe

Écoute et complète le texte.

1 Écris le **Ex.** ..*mot*.... qui manque.
2 Lisez l'activité 5 à la page ....
3 Qui a ....?
4 Moi, ... n'ai pas fini.
5 Trouve un mot qui commence avec ....
6 Tu as oublié ton ....?
7 Vérifiez .... réponses.

6 Des conversations

Écoute les questions et réponds comme indiqué, puis écoute pour vérifier.

1 Une fête chez Alice
– C'est la fête chez Alice demain. Qu'est ce que tu vas mettre?

–

– Tu vas mettre tes baskets avec ça?

–

– Qu'est-ce que tu as acheté comme cadeau pour Alice?

–

2 Les photos sont arrivées
– Tu as reçu la photo de ton correspondant?

–

– Il est comment?

–

– Est-ce qu'il est grand ou petit?

–

3 Chez le médecin
– Avez-vous un rendez-vous avec le médecin?

–

* * *

– Alors, qu'est-ce qui ne va pas?

–

– Ouvrez la bouche. Avez-vous mal à la gorge?

–

– Voici une ordonnance et téléphonez si ça ne va pas mieux.

– Say: Thank you.

Encore Tricolore 2 nouvelle édition © Honnor, Mascie-Taylor, Nelson Thornes 2001

Tu comprends? 🎧

1 On part en vacances

*Qu'est-ce qu'on met dans la valise et dans quel ordre?
Écoute et écris les bonnes lettres dans l'ordre correct.
(Attention! on ne met pas tous les vêtements dans la valise.)*

Ex. .b...

2 Faites cela, s'il vous plaît

*Écoute et choisis les bonnes expressions de la case ci-
dessous pour compléter les instructions.*

À la maison
(C'est la mère des enfants qui parle)

Pouvez-vous m'aider un peu, les enfants? Les visiteurs vont
bientôt arriver. Linda, **1** Ex. ..mets. la table, s'il te plaît, et
Charles, **2** .... ces assiettes et **3** ....
les serviettes de table.

    Ensuite, Linda, **4** .... tes affaires un peu et
Charles, **5** .... à Papa sur son portable et
6 .... -lui à quelle heure il va arriver.

En classe
(C'est le prof qui parle)

D'abord, **7** .... ces listes de mots dans votre
cahier, s'il vous plaît. Si vous ne comprenez pas tous les
mots, **8** .... dans le dictionnaire.

    Maintenant, **9** .... à deux.
10 .... le dé à tour de rôle et
11 .... les bonnes cases.
12 .... de corriger les erreurs à la fin.

range	**écrivez**
mets	**travaillez**
prends	**cochez**
demande	**cherchez**
téléphone	**N'oubliez pas**
apporte	**Jetez**

3 Chez le médecin

*Écoute les conversations et écris **V** (vrai) ou **F** (faux) après
chaque phrase.*

Mme Dupont

1 Elle a mal à la tête. **Ex.** ...V....

2 Elle n'a pas de fièvre. ....

3 C'est très grave. ....

4 Elle a mal à la gorge. ....

5 Elle a mal aux oreilles. ....

Richard

6 Richard a joué au basket hier. ....

7 Il a mal au genou. ....

8 Il a mal au pied droit aussi. ....

9 Le docteur dit à Richard qu'il faut aller à l'hôpital.

....

10 La mère de Richard est venue chez le médecin avec lui.

....

4 Voici mes amis

Écoute et identifie les six personnes.

Patrick	**Kémi**	**Charles**
Lucie	**Hélène**	**Élise**

1 Ex. ..Kémi..

2 ....

3 ....

4 ....

5 ....

6 ....

SOMMAIRE

Complète le sommaire avec des mots anglais.

1 Clothes and what to wear

un anorak	anorak
les baskets (f pl)	trainers
une casquette	baseball hat, cap
une chaussette	....
une chaussure	shoe
une chemise	....
une cravate	tie
un jogging	jogging trousers
une jupe	skirt
un jean	jeans
les lunettes de soleil (f pl)	....
un maillot de bain	swimming costume
un pantalon	trousers
un pull	jumper
un pyjama	pyjamas
une robe	dress
un short	shorts
les sandales (f pl)	sandals
un T-shirt	T-shirt
une veste	....

Some new words for clothes

les bottes (f pl)	boots
un casque	helmet (for cycling etc.)
un imper(méable)	....
un logo	logo
une mode	fashion
une tenue	....
Je n'ai rien à me mettre.	I have nothing to wear.

2 Describing people and things

carré(e)	square-shaped
content(e)	happy
court(e)	....
décontracté	casual (clothes etc.)
fort(e)	strong
grand(e)	big, tall
gros(se)	big, fat
haut(e)	....
jeune	young
long(ue)	long
lourd(e)	....
mince	slim
pauvre	poor
petit(e)	small
riche	rich
triste	....
vieux (vieille)	old
de taille moyenne	medium height

3 Describing appearance, (see pages 98 and 99)

4 Saying that you feel ill

Je ne vais pas très bien.	I'm not very well.
Ça ne va pas très bien.	I'm not very well.
Ça ne va pas mieux.	I'm no better.
Je suis (un peu) malade.	I am ill./I am not very well.

5 Explaining what's wrong

J'ai mal au cœur.	....
Je suis asthmatique.	I have asthma.
Je suis allergique à …	I am allergic to …
Je ne peux pas dormir.	....
J'ai mal à la tête.	I have a headache.* / My head hurts.
Il a mal au dos.*	He has backache./His back hurts.
Elle a mal aux oreilles.	....

* use a similar pattern for other parts of the body, (see page 102)

J'ai chaud.	I'm hot.
J'ai froid.	....
J'ai de la fièvre.	I have a temperature.
J'ai faim.	I'm hungry.
J'ai soif.	....

6 Understanding what the doctor asks you

Qu'est-ce qui ne va pas?	What's wrong?
Qu'est-ce qu'il y a?	What's the matter?
Ça vous fait mal là?	...................................?

7 … and what you are told

Ouvrez la bouche!	Open your mouth.
Montrez-moi la jambe.	Show me your leg.
Restez au lit!	Stay in bed.
Prenez ce médicament.	....
Prenez votre inhalateur.	Use your inhaler.
Voici une ordonnance.	....

8 Using direct object pronouns to avoid repetition, (see page 100)

Où est mon sac?	Where's my bag?
Le voilà.	There it is.
Où est ma montre?	Where's my watch?
La voilà.	There it is.
Où sont mes baskets?	Where are my trainers?
Les voilà.	There they are.

9 Using the imperative to give commands, (see page 106)

Encore Tricolore 2 nouvelle édition © Honnor, Mascie-Taylor, Nelson Thornes 2001

Rappel

1 Un jeu de définitions

A La famille

Complète les définitions.

1 Je m'appelle Charles. Je n'ai pas de frères et je n'ai pas de sœurs. Je suis **Ex.** *enfant unique*...........................

2 Anne-Marie est la sœur de ma mère. C'est ma

....

3 Marc et Sandrine sont les enfants de ma tante. Ce sont mes ....

4 Joséphine est la mère de mon père. C'est ma

....

B La maison

C'est quelle chambre?

1 Ici, on dort dans son lit.

    Ex. *la chambre à coucher*..........

2 Ici, on prépare les repas..

....

3 Ici, on déjeune ou on dîne.

....

4 Ici, on se lave et on se brosse les dents.

....

2 Des mots utiles

A *Complète la liste avec les mots dans la case.*

français	anglais
1 d'abord	**Ex.** *first of all*.............................
2 alors	.........*so, then*...........
3 donc	.........*so, then*...........
4 ensuite	....
5 mais	....
6 et	....
7 ou	....
8 puis	....
9 si	....
10 quand	....

> **next   if   and   then   when   or**
> **but   after that   so   first of all**

B *Complète les phrases avec un des mots de la partie A. (Il y a plusieurs possibilités.)*

1 Le matin, **Ex.** *d'abord*.......... je me lave et .... je m'habille.

2 Je descends à la cuisine. .... je prends mon petit déjeuner.

3 .... je vais au collège.

4 Normalement, je prends mon vélo, ... s'il pleut, je prends le bus.

5 Ce matin, il a fait très beau, ... j'ai décidé d'aller au collège à pied.

6 .... je rentre du collège, j'ai toujours faim, ... je prends mon goûter.

3 Mots croisés (les matières scolaires)

Horizontalement

1 C'est la langue qu'on parle en Angleterre.

7 Si tu es fort en peinture, probablement tu es aussi fort en cette matière.

8 C'est une matière assez difficile, mais c'est très important.

9 Ces trois lettres représentent le sport.

11 Voici notre nouveau laboratoire. ..., on étudie la biologie.

12 Ce matin, on a combien de ...? – Il y en a deux; physique et technologie.

13 J'aime la musique, mais je ... joue pas d'un instrument.

Verticalement

1 C'est la langue qu'on parle en Allemagne.

2 On ne dit pas souvent l'histoire et la géographie, on dit l'histoire-...

3 J'adore le théâtre, alors mon cours favori est l'... dramatique.

4 Je fais trois ...; la biologie, la physique et la chimie.

5 C'est la langue qu'on parle en France.

6 J'aime étudier le passé, les batailles, les rois célèbres, tout ça. Ma matière favorite, c'est l'...

10 Le samedi soir, j'aime jouer ... mon ordinateur.

ÉPREUVE: Écouter 🎧

A Sept personnes vont chez le médecin

Écoute et écris la bonne lettre.

1 Ex. ....d., **2** ...., **3** ...., **4** ...., **5** ...., **6** ...., **7** ....

$\frac{}{6}$

B Au voleur!

Écoute les descriptions des sept voleurs. Identifie-les et écris la bonne lettre.

1 Ex. ...g.., **2** ...., **3** ...., **4** ...., **5** ...., **6** ...., **7** ....

$\frac{}{6}$

C Jeannette est malade

Listen and answer the questions in English.

1 What is the first thing the doctor asks Jeannette to do?
Ex. ...*Open her mouth*...

2 What is wrong with Jeannette? Give TWO symptoms. (2)
....
....

3 What has she eaten?
....

4 What does the doctor give her?
....

5 What TWO things does the doctor tell her to do ? (2)
....
....

$\frac{}{6}$

D Quels vêtements?

Écoute ces personnes. On parle de quels vêtements?
Complète la liste.

1 ...un imperméable..

2 ....

3 ....

4 ....

5 ....

6 ....

7 ....

8 ....

> un imperméable   un casque   des bottes
> un short   une cravate   un maillot de bain
> une robe   un pyjama

$\frac{}{7}$ $\frac{}{25}$

TOTAL

Encore Tricolore 2 nouvelle édition © Nelson Thornes 2001

ÉPREUVE: Parler

A *Choisis une conversation: 1 ou 2. Prépare la conversation avec un(e) partenaire, puis travaille avec ton professeur.*

1 *You are ill and go to see the doctor.*

2 *You have just witnessed a crime and are giving a description of the criminal to the police.*

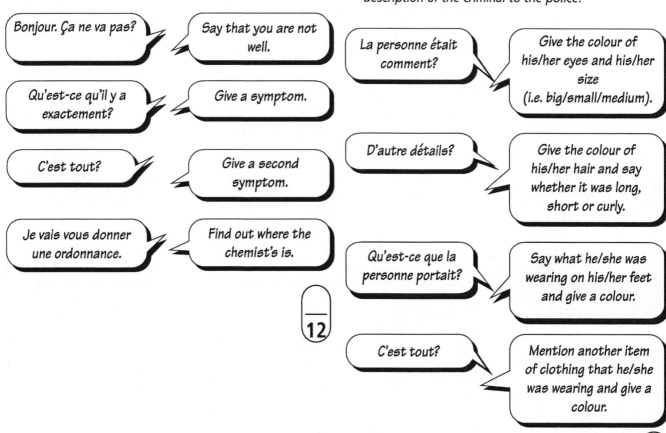

Bonjour. Ça ne va pas? → Say that you are not well.

Qu'est-ce qu'il y a exactement? → Give a symptom.

C'est tout? → Give a second symptom.

Je vais vous donner une ordonnance. → Find out where the chemist's is.

(12)

La personne était comment? → Give the colour of his/her eyes and his/her size (i.e. big/small/medium).

D'autre détails? → Give the colour of his/her hair and say whether it was long, short or curly.

Qu'est-ce que la personne portait? → Say what he/she was wearing on his/her feet and give a colour.

C'est tout? → Mention another item of clothing that he/she was wearing and give a colour.

(12)

B *Maintenant, prépare une conversation avec un(e) partenaire. Ensuite, travaille avec ton professeur.*

Qu'est-ce que tu mets pour aller au collège? → Je mets ...

Qu'est-ce que tu mets quand il fait froid et il pleut? → Je mets ...

Le week-end dernier, qu'est-ce que tu as mis pour aller à la fête/aller chez tes copains/sortir? → J'ai mis ...

Est-ce que tu as acheté des vêtements récemment? → J'ai acheté ...

Bonus (1 point)
Ajoute des détails. (13)

(25)
TOTAL

ÉPREUVE: Lire

A C'est quoi?

Lis les phrases et écris les mots corrects.

> des bottes
> un maillot de bain
> un pyjama
> des chaussures
> un imperméable
> un pull
> une casquette

1 On les porte quand on fait des promenades à la campagne. **Ex.** ...*des bottes*.......
2 On le porte quand il pleut. ....
3 On le porte pour dormir. ....
4 On le porte quand on fait de la natation. ....
5 On les met aux pieds avec des chaussettes. ....
6 On la porte sur la tête. ....
7 On le porte quand il fait froid. ....

/6

B Qui est-ce?

Lis les phrases et écris la bonne lettre.

1 Ex. .*e*...., **2** ...., **3** ...., **4** ...., **5** ...., **6** ...., **7** ......

1 Cette personne a une barbe. Elle a chaud.
2 Cette personne a une moustache. Elle a froid.
3 Cette personne a les cheveux frisés. Elle a de la fièvre.
4 Cette personne a les cheveux raides. Elle a soif.

5 Cette personne a mal au ventre. Elle a faim.
6 Cette personne ne peut pas dormir.
7 Cette personne est très malade.

/6

C Trouve les paires

1 Ex. ...*b*..., **2** ...., **3** ...., **4** ...., **5** ...., **6** ...., **7** ......

1	J'ai marché dix kilomètres. Maintenant, j'ai ...	**a** mal à la tête.
2	J'ai passé six heures au soleil. Maintenant, j'ai ...	**b** mal aux pieds.
3	Vous êtes asthmatique? Alors ...	**c** je ne peux pas dormir.
4	Docteur! Donnez-moi ...	**d** prenez votre inhalateur.
5	J'ai joué au tennis toute la journée et maintenant, ...	**e** une ordonnance.
6	Je suis très fatigué, mais ...	**f** j'ai mal aux épaules et au bras.
7	J'ai bu un demi-litre d'eau. Je n'ai pas ...	**g** soif.

/6

D Un vol

Answer the questions in English.

Vol à Londres

Hier matin, un homme et une femme sont entrés dans un magasin « Topaze » au centre de Londres. Chez « Topaze », on vend des colliers, des montres, des diamants, des perles et toutes sortes d'objets précieux. L'homme, un revolver à la main, portait une casquette et des lunettes de soleil. Il est allé à la caisse et a mis le revolver contre le cou d'un caissier* et a dit: « Les mains en l'air! Un mouvement et je vais tirer. »

La voleuse, un casque sur la tête, a ouvert un sac et a pris deux colliers – un collier de perles et un collier de diamants. M. Simon, un autre caissier, a téléphoné à la police.

* *caissier* = cashier

1 How many robbers were there? **Ex.** ......*two*..........
2 When did the robbery take place?
....
3 In which country did the robbery take place?
....
4 What kind of shop is 'Topaze'?
....
5 How did the male robber hide his face?
....
6 What did the male robber threaten to do?
....
7 How did the female robber hide her face?
....
8 What did the robbers steal?
....

/7 /25

TOTAL

ÉPREUVE: Écrire et grammaire

A Dans ma valise, j'ai …

Tu pars en vacances. Fais la liste des choses que tu mets dans ta valise.

1 *un pantalon*
2 ....
3 ....
4 ....
5 ....
6 ....
7 ....
8 ....
9 ....

8

B Une carte postale

On holiday, you meet someone you get on very well with. In French, write a postcard of 6 sentences to your French friend describing your new friend.

Mention:
- eyes
- hair
- height
- whether he/she wears glasses.

Then mention:
- two items of clothing he/she wears.

Exemple:

Chère Roselyne,
Hier, j'ai rencontré un garçon/une fille.
Il/Elle

Pour t'aider

Il/Elle a	les yeux verts.
	les yeux bleus.
	les yeux marron.
	les cheveux courts et blonds.
	les cheveux longs et noirs.
	les cheveux roux et frisés.
Il/Elle est	grand(e).
	petit(e).
	de taille moyenne.
Il/Elle	porte des lunettes.
	n'a pas de lunettes.
Elle porte	une jupe bleue.
	une robe rouge.
	un pantalon noir.
Il porte	une chemise blanche.
	des baskets bleues.
	des chaussures noires.

8

C Une maladie en vacances

While on holiday you fall ill. Send an e-mail to your French friend telling him/her how you feel.

You could say that you are not well, that you went to the doctor, give an opinion of the doctor e.g. whether you liked him/her or not, say that you are not better, give the symptoms you have e.g. a headache, sore throat etc., say whether you have a temperature, that you feel hot, that you are thirsty/not hungry.

9

....
....
....
....
....
....
....
....
....
....
....

25

TOTAL

Le calendrier et l'heure

1 Où sont les voyelles?

A *Complète les mots.*

1 .... c t .... b r ....
2 n .... v .... m b r ....
3 m .... r d ....
4 .... v r l
5 h .... v .... r
6 m .... r c r .... d ....

7 .... t .... m n ....
8 p r .... n t .... m p s
9 s .... m .... d ....
10 .... t
11 m ....
12 l .... n d ....

B *Trouve:*

• 5 mois

....

....

• 4 jours

....

....

• 3 saisons

....

....

2 Quelle heure est-il?

Trouve les paires.

1 Il est trois heures et demie.
2 Il est dix-sept heures cinquante.
3 Il est midi.
4 Il est deux heures vingt-cinq.
5 Il est vingt-trois heures cinquante-neuf.
6 Il est treize heures quinze.
7 Il est quatre heures et demie.
8 Il est vingt et une heures cinq.
9 Il est dix-huit heures vingt.
10 Il est sept heures dix.

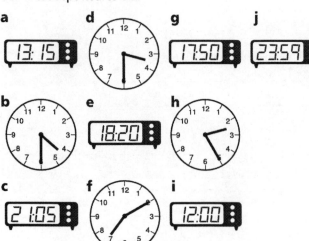

3 Mots croisés

Horizontalement

1 Il y a sept jours dans une ...
3 Le premier janvier s'appelle le Jour de l'...
5 Quelle est ... date aujourd'hui?
6 Quand es-tu ...? Quelle est ta date de naissance?
7 Après mardi, avant jeudi.
12 Quel jour sommes-nous? – Je ... que c'est le mardi, dix mai.
13 – Je ... sais pas la date de ton anniversaire.
14 – C'est le quatorze juillet – ... même date que la fête nationale.
16 C'est ... aujourd'hui. Je vais à l'église.
19 – Je n'aime pas l'hiver. Il fait froid ... le temps.
20 – Oui, mais j'adore Noël, ... aussi, non?
22 C'est le mois de la rentrée en France et le commencement de l'automne.

Verticalement

1 C'est mon jour préféré. (Demain, c'est dimanche.)
2 C'est un mois et c'est une tablette de chocolat!
3 Le dernier jour de l'année s'appelle la Saint-Sylvestre. C'est la veille du nouvel ...
4 Le peintre Monet est ... à Paris et il est mort à Giverny.
8 ... hiver, on fait du ski – j'adore ça!
9 C'est quoi, ... paquet? – C'est ton cadeau de Nöel.
10 Je pars en vacances au bord de la mer ... été.
11 On mange beaucoup ... chocolat à Pâques.
15 C'est le huitième mois de l'année.
16 Quelle est la ... de ton anniversaire?
17 Quel est ton ... favori? – C'est juillet, je crois, ou août.
18 Le premier jour du printemps est le vingt ... un mars.
21 Cette année, le dimanche de Pâques est ... quinze avril.

Encore Tricolore 2 nouvelle édition © Honnor, Mascie-Taylor, Nelson Thornes 2001

Qu'est-ce qu'on fait? 🎧

1 Qu'est-ce qu'on fait?

Qu'est-ce qu'on a fait, finalement?
Écoute les conversations et encercle les détails corrects.

Exemple: 1a 11h / ⑫h.

1 **a** Le musée ouvre à 11h / 12h.
   b Ils ont décidé d'y aller à 11h / 12h.
2 **a** On a passé la soirée chez Richard / au Roller Rouge.
   b Le rendez-vous était à 17h30 / 18h30.
3 **a** Ils ont décidé d'aller à la fête / au cinéma.
   b Le film était américain / français.
4 **a** Ils sont allés à la boum / à la fête foraine.
   b Ça commence à six heures et demie / sept heures et demie.
5 **a** Ils sont allés à la patinoire / au match de rugby.
   b Ils y ont passé l'après-midi / la soirée.
6 **a** Le spectacle a commencé à neuf heures / à huit heures et quart.
   b Ils sont allés au château en voiture / en bus.

3 Sport pour tous

Complète la lettre.

Samedi dernier, j'ai (**1** passer) **Ex.** ...passé....... une journée excellente.

J'ai (**2** faire) .... un stage au centre sportif près d'ici. Pour commencer, nous sommes (**3** sortir) .... dans le parc pour faire du jogging.

Puis il y avait le choix entre le volley, le basket et le hockey. Moi, j'ai (**4** choisir) .... le basket. Après la pause, on a (**5** jouer) .... au badminton.

Pour le déjeuner, nous sommes (**6** aller) .... à la cantine et j'ai (**7** manger) .... des raviolis et j'ai (**8** boire) .... un jus d'orange.

L'après-midi, on a (**9** avoir) .... un cours de gymnastique. Puis nous sommes (**10** retourner) .... au parc pour un tournoi de tennis.

Moi, j'ai (**11** finir) .... en troisième place et j'ai (**12** gagner) .... un tube de balles de tennis.

2 Le week-end dernier

Complète les phrases.

1

Ex. Moi, j'..*ai fait du*...... *vol libre*

2

Et toi, tu ....
........................?

3

Louis ....
....

4

Charlotte ....
....

5

Nous ....
....

6

Vous ....
....

7

Ils ....
....

8

Elles ....
....

Pour t'aider

faire	du cyclisme
	de l'équitation
	du judo
	de la natation
	du patinage
	de la planche à voile
	du ski (nautique)
	de la voile
	du vol libre

Encore Tricolore 2

On s'amuse

1 Conversations au choix

Jetez un dé pour faire des conversations.

Exemple:

A　B　C　D

– Es-tu libre (A6) samedi?
– Oui, pourquoi?
– (B2) Il y a un match de basket au stade, ça t'intéresse?
– Oui, bonne idée. Alors rendez-vous (C3) devant le stade à quelle heure?
– À (D1) quatorze heures.
– D'accord. À tout à l'heure.

A

Quand?

1	aujourd'hui	4	jeudi
2	demain	5	vendredi
3	mercredi	6	samedi

B

Ça t'intéresse?

1　un match de football au stade
2　un match de basket au stade
3　un bon film au cinéma
4　un bon concert au théâtre
5　une boum à la maison des jeunes
6　une soirée informatique à la maison des jeunes

C

Rendez-vous où?

1　au café René
2　en face du cinéma
3　devant le stade
4　près de l'hôtel de ville
5　à la maison des jeunes
6　devant le cinéma

D

À quelle heure?

1	14h00	4	18h30
2	17h00	5	19h00
3	18h00	6	19h30

2 Tu aimes le sport?

Trouve:

- 5 sports d'équipe

....

....

- 4 sports nautiques

....

....

- 3 sports d'hiver

....

- 2 sports de combat

....

....

- 1 sport à grand frisson

....

le basket

le judo

le ski (nautique)

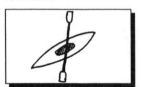
le canoë

la natation

la voile

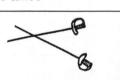
l'escrime

le patinage

le vol libre

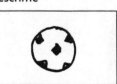
le football

la planche à voile

le volley

le hockey (sur glace)

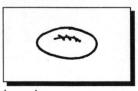
le rugby

3 À ton avis

À ton avis, quel est le sport le plus pratiqué en France?

Encore Tricolore 2 nouvelle édition © Honnor, Mascie-Taylor, Nelson Thornes 2001

Tu aimes lire?

1 Ils sont extraordinaires, les animaux!

Lis les articles et fais l'activité vrai ou faux.

Le cheval

Il y a 207 sortes de chevaux :
- ■ 104 espèces de chevaux pour les sports de l'équitation etc.
- ■ 67 sortes de poneys
- ■ 36 sortes de chevaux qui travaillent.

Les chevaux dorment pendant trois heures seulement chaque nuit – mais ils se reposent pendant de longues périodes sans dormir. Ils préfèrent se reposer debout et ils n'aiment pas beaucoup s'allonger par terre.

Le cheval passe la plupart de sa vie à manger, jusqu'à seize heures par jour! Il mange plus lentement que beaucoup d'animaux et il choisit plus attentivement les choses qu'il préfère – c'est nécessaire parce qu'un cheval a un estomac moins grand que beaucoup d'autres bêtes et ... il n'est pas capable de vomir!

La baleine bleue est plus grande que toutes les autres bêtes.

Une chauve-souris qui s'appelle « La chauve-souris de Kitti* » est plus petite qu'une souris.

* la chauve-souris de Kitti = Bumblebee bat

*Écris **V** (vrai) ou **F** (faux).*

1 Il y a plus de deux cents sortes de chevaux. ☐
2 Il y a une chauve-souris qui est plus petite qu'une souris. ☐
3 Le cheval mange plus vite que beaucoup d'autres animaux. ☐
4 Le cheval vomit s'il mange plus vite que d'habitude. ☐
5 Les baleines bleues sont plus grandes que toutes les autres baleines. ☐

2 Les Français et leurs loisirs

Récemment, on a fait un sondage sur les Français et les loisirs.

Quand on compare les résultats avec les réponses de notre dernier sondage, on voit que les préférences des Français ont changé.

Par exemple:
- pour beaucoup de Français, le sport est maintenant plus important qu'avant
- les randonnées sont plus populaires qu'avant, mais le tennis et la planche à voile sont moins populaires

- les bandes dessinées sont moins populaires maintenant, mais les magazines sur l'informatique semblent beaucoup plus intéressants, surtout pour les jeunes
- en général, les Français trouvent les activités en plein air plus agréables, mais les films vidéo sont aussi populaires qu'avant
- pour beaucoup de jeunes, le sport qu'ils préfèrent à tous les autres, c'est le roller!

Lis l'article et réponds aux questions.
Exemple: 1 *Non, le sport est plus important qu'avant.*

Selon le sondage récent, ...

1 est-ce que le sport est moins important qu'avant? ....
2 est-ce que le tennis est plus populaire qu'avant? ....
3 est-ce que les randonnées sont plus populaires maintenant? ....
4 est-ce que la planche à voile est plus populaire que le roller? ....
5 est-ce qu'on trouve les activités en plein air plus agréables qu'avant? ....
6 est-ce que les bandes dessinées sont plus populaires? ....
7 est-ce que les films vidéo sont moins populaires qu'avant? ....

Qu'est-ce qu'on a fait?

1 Samedi dernier

Lis l'agenda de ces jeunes personnes pour samedi dernier.
Puis écoute et à chaque fois, décide qui parle.

	Charlotte	Géraldine	Patrick	Mathieu
le matin	est allée à la piscine	est allée en ville	a fait de la natation	a acheté un jeu-vidéo
l'après-midi	est allée en ville	a fait la cuisine	a dormi	a joué avec un jeu électronique
le soir	a dîné chez Géraldine	a fêté son anniversaire	est allé au cinéma	a regardé un match à la télé

Qui parle?

1 Ex. *Géraldine* .... **3** .... **5** .... **7** ....

2 .... **4** .... **6** .... **8** ....

2 Mots croisés

Horizontalement

1 Samedi dernier, Alice est ... en ville.
5 Après ça, elle a ... pour m'inviter à sa fête.
7 Son frère est ... à la maison.
9 Mon frère Loïc est ... à la fête avec moi.
12 En ville, Christophe est ... dans un café.
14 Il a commandé un chocolat chaud ... un croissant.
17 Tu aimes ... T-shirt? Il l'a acheté ce matin.
18 Quand il est ... du café, nous sommes allés au cinéma.
19 Ah bon. Moi aussi, je ... allé au cinema hier soir.

Verticalement

1 Viens vite! Sandrine et Marie sont ...
2 Ces T-shirts ne sont pas très chers. On ... vend au marché.
3 Oui, j'ai vu des T-shirts comme ça – ... sont jolis.
4 À Paris, Sandrine et Marie sont ... à la Tour Eiffel. (monter)
5 J'espère qu'elles ne sont pas ... du sommet!
6 Est-ce que ton frère est ... pour le match? (partir)
8 Non, il regarde le sport à la télé, mais son équipe favorite n'a pas ...
10 Il ... part pas avant deux heures.
11 J'ai acheté ... nouveau sac pour les vacances.
13 Vous allez au Canada, ... et ta sœur?
15 Ah non. Mais toi, ... es allé au Canada l'année dernière, non?
16 Oui, et tu ... restée en France.

Écoute et parle 🎧

1 À la française

Many words look the same in English and French but they are pronounced differently.

Listen to the French pronunciation of each word. Repeat it.

Écoute et répète.

1 concert **4** Internet **7** spectacle
2 excursion **5** place **8** ticket
3 international **6** science-fiction

2 Et après?

Écoute le numéro et dis et écris le numéro qui suit.

Ex. .....*1*....., ..., ..., ..., ..., ..., ..., ...

3 Des phrases ridicules

Often when a vowel (a, e, i, o, u) is followed by m or n, the vowel is pronounced slightly differently. These are called **nasal vowels** and there are four altogether. Here are two of them:

• -im, -in, -ain • -um, -un

Lis chaque phrase, puis écoute et répète.

Cinq trains américains apportent du vin au magasin.

J'adore le parfum brun de Verdun.

4 Les terminaisons

-eau et -aux

Écoute, répète et écris la bonne lettre.

> **!** These words are usually masculine nouns.

1 Ex. ...*c*...., **2** ...., **3** ...., **4** ...., **5** ...., **6** ....

a animaux **c** château **e** drapeau
b chapeau **d** chevaux **f** niveau

5 Vocabulaire de classe

Écoute et complète le texte.

1 Pouvez-vous répéter la **Ex.** ...*question*..., s'il vous plaît?
2 Écris les verbes dans .... cahier.
3 Qui .... gagné?
4 Vous avez ....?
5 Puis écoute .... vérifier.
6 Travaillez à ....
7 Posez des questions .... répondez à tour de rôle.

6 Des conversations

Écoute les questions et réponds comme indiqué, puis écoute pour vérifier.

1 On va au parc d'attractions
– Le parc d'attractions, ça ouvre à quelle heure?

–
– On prend le bus?

–
– Est-ce que nous allons faire un pique-nique?

–

2 Hier
– Où es-tu allé(e) hier?

–
– Tu es allé(e) avec qui?

–
– Tu as acheté des souvenirs?

–

3 On achète des billets
You are buying tickets for a concert.

– | Ask: Is there a reduced rate for students? |
– Oui, pour les étudiants, c'est 5 euros.
– | Ask for: 3 tickets at reduced rate. |
– Voilà. 15 euros, s'il vous plaît.
– | Ask: When does the concert end? |
– Vers onze heures et demie – avant minuit en tout cas.

Tu comprends? 🎧

1 C'est quand?

Écoute et complète les phrases.

1 Le feu d'artifice est à **Ex.** ...*23h*...

2 En octobre le parc d'attractions ouvre à ....

3 Le spectacle son et lumière est .... à ....

4 On va au musée .... Le car va partir à .... de l'après-midi.

5 Le concert de rock, c'est le .... à .... du soir.

6 Le film commence à .... Rendez-vous devant le cinéma à ....

2 On sort

Écoute et choisis la bonne lettre.

A Alice
1 Alice sort ...
  a souvent par semaine. ☐
  b pas très souvent par semaine. ☑ Ex.
  c rarement par semaine. ☐
2 Le week-end, Alice sort ...
  a assez souvent. ☐
  b pas très souvent. ☐
  c rarement. ☐

B Mathieu
3 Le samedi matin, Mathieu sort ...
  a quelquefois. ☐
  b assez souvent. ☐
  c toujours. ☐
4 Il sort ...
  a assez tard. ☐
  b très tard. ☐
  c très tôt. ☐

C Sébastien
5 Pendant les vacances, Sébastien fait ...
  a un peu de sport. ☐
  b beaucoup de sport. ☐
  c très peu de sport. ☐
6 Il va à la piscine ...
  a souvent. ☐
  b tous les jours. ☐
  c quelquefois. ☐
7 Il va à la plage ...
  a une fois par semaine. ☐
  b deux fois par semaine. ☐
  c trois fois par semaine. ☐

D Julie
8 La mère de Julie dit qu'elle ...
  a ne sort pas assez. ☐
  b sort trop. ☐
  c ne sort jamais. ☐

3 Où sont-ils allés?

Trouve les paires.

1 Ex. ..*a*.., 2 ...., 3 ...., 4 ....,
5 ...., 6 ...., 7 ...., 8 ....

1 Jean-Pierre est allé ...	**a** au concert.
2 Caroline et Claire sont allées ...	**b** du roller.
3 Nicolas est allé ...	**c** à Paris.
4 Aurélie est allée ...	**d** à une boum.
5 David et Kémi sont allés ...	**e** au cinéma.
6 Marie est allée ...	**f** au match de rugby.
7 Vivienne a fait ...	**g** au match de hockey.
8 Les jumeaux ont fait ...	**h** un pique-nique.

4 Tu veux sortir?

Écoute les six conversations.   *Si on accepte, écris* **A**.   *Si on refuse, écris* **R**.   *Si on ne sait pas, écris* **?**.

1 Ex. ..*R*.., 2 ...., 3 ...., 4 ...., 5 ...., 6 ....

                           Encore Tricolore 2 nouvelle édition © Honnor, Mascie-Taylor, Nelson Thornes 2001

SOMMAIRE

Complète le sommaire avec des mots anglais.

1 Discussing what's on

*Qu'est-ce qu'il y a à faire
ce week-end?* — What is there to do this weekend?

Qu'est-ce qu'il y au cinéma? — What's on at the cinema?

*C'est à quelle heure, le
match?* — ....
....

2 Discussing what to do

*Qu'est-ce qu'on fait
aujourd'hui?* — What shall we do today?

*Il y a un match de football
au stade. On y va?* — There's a football match at the stadium. ....
....

*Si on allait au cinéma ce
soir?* — How about going to the cinema tonight?

Tu veux faire ça? — ....
....

3 Asking someone to go out

*On pourrait peut-être
se revoir.* — Can we see each other again?

Es-tu libre ce soir? — ....
....

4 Accepting or declining invitations

Oui, je veux bien. — Yes, I'd like to.

Oh oui – génial. — That would be great!

D'accord. — OK.

Ça dépend. — It depends.

Non, je ne peux pas. — ....

*Je regrette, mais je ne
suis pas libre.* — I'm sorry, but I'm not free.

*Non merci, ça ne me
dit rien.* — No thanks, I'm not interested.

(see also page 114)

5 Arranging to meet

*Rendez-vous devant la
gare à dix heures.* — Meet at the station at ten o'clock.

*Je viens te chercher à
deux heures et demie.* — ....
....

6 Buying tickets

Deux tickets, s'il vous plaît. — Two tickets, please.

*Deux entrées/places,
s'il vous plaît.* — Two places, please.

*Il y a un tarif réduit
pour étudiants?* — ....
....

7 Making comparisons

Il est plus grand que moi. — He is taller than me. (more tall)

Il est moins grand que moi. — He is not as tall as me. (less tall)

Il est aussi grand que moi. — ....

....

8 Using the verb *sortir* (to go out), (see page 112)

9 Using the conjunctions *si*, *quand* and *mais* to make longer sentences, (see page 116)

Rappel

1 Chasse à l'intrus

Trouve le mot qui ne va pas avec les autres.
Si possible, explique pourquoi.
Exemple: 1 ..*grand (les autres sont des couleurs)*......

1 rouge, vert, grand, jaune

....

2 petite, mince, longue, veste

....

3 les yeux, la tenue, le nez, la bouche

....

4 les bottes, les cheveux, les baskets, les sandales

....

5 un pyjama, une jupe, un ventre, une chemise

....

6 le bras, les doigts, la main, les gants

....

3 Mots croisés (les descriptions)

Horizontalement

1 J'ai les cheveux … Je n'aime pas les cheveux longs.
3 Ouf! Cette table est très … !
5 Cette dame achète beaucoup de nouveaux vêtements. Je pense qu'elle est très …
7 Hier, j'ai … une belle surprise. J'ai reçu un cadeau d'anniversaire de mon frère.
10 Est-ce que ta sœur est petite?
– Non, non. Elle est assez …
12 Et ta sœur? Est-elle grande … petite?
13 Elle est grande, aussi, mais mon frère est …
15 Tu as un ordinateur chez toi? – Bien sûr! C'est amusant et c'est très … pour faire les devoirs.
16 Tu as vu cette jupe bleue. Elle est jolie, non?
– Oui, mais moi, je préfère … pantalon.
17 Tu es … ce matin? – Oui, c'est parce que mon petit chat est mort.

Verticalement

1 Regarde tous ces cadeaux. Je pense qu'il y a un CD dans le paquet …
2 Est-ce que David est ton frère aîné?
– Non, non. Il est plus … que moi.
3 Ce manteau est trop … Je préfère un manteau court ou une veste.
4 Tu as des chips pour la récré?
– Non, je n'ai pas … chips, mais j'ai une banane.
6 Tu as l'air heureux aujourd'hui.
– C'est vrai. Je suis très …

2 Au magasin de vêtements

Trouve:

● 6 vêtements qui commencent par un 'c'

....
....
....
....
....
....

● 2 vêtements qui commencent par un 'b'

....
....

● 2 vêtements qui commencent par un 'p'

....

8 Ce bâtiment est très … Du sommet, on peut voir très loin.
9 Regarde ce lapin noir et blanc. Il est mignon! Et v… un lapin gris. Il est énorme!
11 J'aime bien les couleurs vives, comme le r…
14 Est-ce que tu vas mettre … nouvelles baskets noirs?

Encore Tricolore 2 nouvelle édition © Honnor, Mascie-Taylor, Nelson Thornes 2001

ÉPREUVE: Écouter 🎧

A Quelle heure est-il?

Écoute et écris les heures en chiffres.

1 Ex. ...01h05......................... **3** .... **5** ....

2 .... **4** .... **6** ....

[/5]

B Réserve Africaine

Listen to this radio advert for a theme park. Answer the questions in English.

1 Where is the Réserve Africaine?

   Ex. *25 kilometres from Paris*
....

2 When is the park open?

....

3 How much does a 13-year-old pay?

....

4 How many animals are there?

....

5 Which sport can you play?

....

6 Which children's game can you play?

....

7 How much is the puppet show?

....

[/6]

C Samedi dernier

Sept jeunes parlent de samedi dernier. Écoute et écris la bonne lettre.

1 Ex. ...g.., **2** ...., **3** ...., **4** ...., **5** ...., **6** ...., **7** ......

[/6]

D Bruno organise son week-end

Écoute les conversations au téléphone. Bruno propose quelles activités?
*Ses copines disent **oui**, **non** ou **je ne sais pas**?*
Réponse: A = oui   B = non   C = je ne sais pas

1 Sophie: Activité **Ex.** ...a.........
                Réponse **Ex.** ...A.........

2 Sylvie: Activité ....
                Réponse ....

3 Françoise: Activité ....
                Réponse ....

4 Yvette: Activité ....
                Réponse ....

5 Charlotte: Activité ....
                Réponse ....

[/8]   [/25]

TOTAL

ÉPREUVE: Parler

A *Choisis une conversation: 1 ou 2. Prépare la conversation avec un(e) partenaire, puis travaille avec ton professeur.*

1 *You are staying with your French penfriend. You start.*

2 *You are talking to a French friend. Your partner starts.*

Ask: What are we going to do this afternoon?	Si on allait en ville?
Say: I don't want to do that.	Il y a un concert au stade. On y va?
Say: Yes, I would like to. What time does it start?	À quinze heures.
Say: Rendez-vous at 14:30.	D'accord. À toute à l'heure.

12

Est-ce que tu sors souvent avec tes amis?	Je sors assez souvent/ quelquefois/ le week-end seulement/ etc.
Où vas-tu normalement?	Je vais au cinéma/au théâtre/ à un concert/ au club des jeunes/etc.
Qu'est-ce que tu fais quand il fait mauvais/chaud/ froid?	Je fais de la natation/ du vélo/du roller/ de l'informatique/ du judo/etc.
Est-ce que tu joues d'un instrument ou est-ce que tu pratiques un sport?	Je joue du violon/ de la guitare/ au football/au basket etc.

12

B *Maintenant, prépare une conversation avec un(e) partenaire. Ensuite, travaille avec ton professeur.*

Qu'est-ce que tu as fait le week-end dernier?	Je suis allé(e) au parc d'attractions/au feu d'artifice/au bowling/au musée/chez mes copains/chez mes copines/etc.
Tu y es allé(e) avec qui?	J'y suis allé(e) avec mes parents/avec mes amis/avec ma classe du collège/avec mon(ma) meilleur(e) ami(e)/etc.
C'était bien?	Oui, c'était excellent/très bien/intéressant/amusant. Non, c'était ennuyeux/nul!
S'il fait beau demain, qu'est-ce que tu vas faire?	S'il fait beau demain, je vais faire du vélo/voir mes amis/ sortir/jouer au basket/faire une promenade/aller à la plage.

Bonus (1 point)
Faites une phrase avec « si ... », « quand ... » ou « mais ... ».

 13

 25

TOTAL

ÉPREUVE: Lire

A Trois parcs d'attractions

Planète-vacances

Piscine et bassins
Trampolines
Jeux électroniques
Mur d'escalade
Volley-ball
Football

Sigean

❖ 20 lions/tigres
❖ Un circuit en voiture
❖ Pédalos
❖ Planches à voile
❖ Ouvert toute l'année

Parc Parisien

Feu d'artifice
à 22h samedi
Kayak
Bal populaire
Musique
Demonstrations de sauts
en parachute

Fermé: décembre janvier février

Lis les annonces et écris V (vrai), F (faux) ou P (pas mentionné).

1 Ex. ..V..., 2 ...., 3 ...., 4 ...., 5 ...., 6 ...., 7 ....

1 On peut nager à Planète-vacances.
2 On peut faire des activités aquatiques à Sigean.
3 Il y a un feu d'artifice à neuf heures du soir au Parc Parisien.
4 Le Parc Parisien ferme à dix heures du soir.
5 À Sigean, on ne peut pas visiter les animaux en voiture.
6 Le Parc Parisien est ouvert en hiver.
7 Planète-vacances est fermé le lundi.

◯ 6

B Trouve les paires

1 Ex. ..c..., 2 ...., 3 ...., 4 ...., 5 ...., 6 ...., 7 ....

1 Il est plus riche ...
2 Si on allait au cinéma ...
3 Le week-end, je ...
4 Pendant le voyage, j'ai ...
5 Je regrette, mais ...
6 On se retrouve devant ...
7 Je suis ...

a sors souvent.
b je ne suis pas libre.
c que moi.
d lu mon livre.
e ce soir?
f allé chez ma copine.
g le cinéma?

◯ 6

C Trois élèves

Lis les descriptions et écris V (vrai), F (faux) ou P (pas mentionné).

1 Ex. ..F.., 2 ....., 3 ....., 4 ....., 5 ....., 6 ....., 7 ....., 8 .....

nom:	Charles	Roxanne	Muhammed
âge:	12 ans	13 ans	12 ans 6 mois
mesure:	1 m 40	1 m 50	1 m 40
pèse:	53 kg	50 kg	53 kg

1 Charles est plus âgé que Muhammed.
2 Roxanne est plus âgée que Charles et Muhammed.
3 Charles est moins sportif que Roxanne et Muhammed.
4 Roxanne est plus lourde que Charles et Muhammed.
5 Charles est aussi grand que Muhammed.
6 Charles est plus jeune que Muhammed.
7 Roxanne est moins grande que Charles.
8 Muhammed est aussi grand que Roxanne.

◯ 7

D Un e-mail

Lis cet e-mail et coche les 6 phrases correctes.

```
Salut Charles!
C'est dimanche 12 avril. Tout va bien ici au
nouveau collège. La semaine dernière, je suis
sortie tous les soirs avec mes nouvelles amies.
Mercredi, nous sommes allés à une nouvelle
discothèque – c'était fantastique.
   Hier, j'ai passé l'après-midi avec ma copine
Élodie. Nous avons passé un après-midi ennuyeux.
D'abord, nous sommes allées au café avec des amis
mais elle n'a pas parlé. Elle a lu ses magazines.
Après ça, nous sommes allées dans un grand magasin.
Elle a parlé sur son portable et n'a même pas
regardé les vêtements.
   Aujourd'hui, je suis très fatiguée et je vais
dormir cet après-midi.
À bientôt,          Julie
```

1 Julie n'aime pas son collège. ☐
2 Julie n'aime pas sortir. ☐
3 Julie a changé de collège. ☐
4 Julie n'est pas restée chez elle le soir pendant toute la semaine. ☐
5 Julie aime aller danser. ☐
6 Élodie aime parler avec Julie. ☐
7 Élodie aime lire. ☐
8 Élodie n'aime pas la mode. ☐
9 Julie a joué sur l'ordinateur dimanche après-midi. ☐
10 Julie va passer dimanche après-midi à se reposer. ☐

◯ 6   ◯ 25

TOTAL

ÉPREUVE: Écrire et grammaire

A Les activités de la famille Levert

Complète les phrases avec la forme correcte du verbe 'sortir'.

1 « Pauline, tu **Ex.** ....*sors*..... ce soir? »

2 Pauline et son frère .... ce soir.

3 « Oui, nous .... ce soir. »

4 « Je suis fatigué. Je ne .... pas ce soir. »

Complète les phrases avec la forme correcte du verbe 'faire'.

5 « S'il fait beau, on **Ex.** ...*fait*....... une promenade cet après-midi. »

6 « Non, je ne peux pas. Je .... mes devoirs. »

7 Les enfants .... la vaisselle dans la cuisine.

Complète les phrases avec la forme correcte du verbe 'aller'.

8 Pauline **Ex.** ....*va*........ chez sa copine.

9 Ils ne .... pas sortir ce soir.

10 « Je .... voir mes amis ce soir. »

11 « Nous .... au cinéma. »

$\boxed{\dfrac{}{8}}$

B Un e-mail

In French, write an e-mail to your French friend who wants to know what you have done recently.

Mention:

● *what you did on Saturday morning*
● *what you did on Saturday afternoon*
● *what you did on Saturday evening.*

Then mention:

● *what you did on Sunday morning*
● *what you did on Sunday afternoon*
● *what you did on Sunday evening.*

Exemple:

Bruno
J'ai passé un week-end très intéressant.
J'ai fait une excursion ...

Pour t'aider

Je suis allé(e) ...
Je suis rentré(e) ...
J'ai fait ...
J'ai acheté ...
J'ai vu ...
J'ai aidé ...
J'ai regardé ...
J'ai rencontré ...

$\boxed{\dfrac{}{8}}$

C Un concert

In French, write to a friend to describe your night out at a concert.

You could mention where you went, who you went with, how you got there, when the concert started, the name of the band(s), your opinion of the band(s), what you ate, what you drank, your return home, the next concert that you are going to go to.

....
....
....
....
....
....
....

$\boxed{\dfrac{}{9}}$

....
....
....
....
....
....
....
....
....
....

$\boxed{\dfrac{}{25}}$

TOTAL

A Louis Laloupe suit Monique Maligne (page 32)

Des questions

Réponds aux questions en français.
Exemple: 1 *Il s'appelle Marc Malheur.*

1 Louis Laloupe cherche un homme. Comment s'appelle-t-il?
2 Est-ce que Monique sort d'un magasin?
3 Monique prend l'autobus, et Louis Laloupe, que fait-il?
4 Où est-ce que Monique descend?
5 Est-ce qu'elle continue son voyage à pied?
6 Et Louis, est-ce qu'il prend son vélo?
7 Où vont-ils?
8 Quand le train arrive, qui monte dans le train?
9 Quand le train part, qui est toujours dans le train?
10 Qui est sur le quai?

B La Tour Eiffel (page 33)

Des questions

Réponds aux questions en anglais.
Exemple: 1 *the French Revolution*

1 What was the Eiffel Tower built to commemorate?
2 What is it made of?
3 How many floors are there?
4 How many tons of paint are needed to paint it?
5 How many times has it been painted?
6 You can walk up as far as which floor?
7 Mention three things you would see on the first floor.
8 How many steps are there between the first and second floors?
9 How can you get to the third floor?
10 Which circus animal was walked up to the first floor?

C D'autres activités

Au contraire

Trouve le contraire de ces mots.

1	descendre	a	moins
2	ouvert	b	sortir
3	de haut	c	dernier
4	plus	d	monter
5	entrer	e	fermé
6	premier	f	en bas

Chasse à l'intrus

Trouve le mot qui ne va pas avec les autres.
Exemple: 1 *un poisson*

1 une poire, une banane, un abricot, un poisson
2 trois, cinq, avril, douze
3 une boulangerie, une infirmerie, une boucherie, une épicerie
4 un chou, une carotte, une crêpe, un champignon
5 un vélo, une voiture, une moto, un mois
6 l'Espagne, la Belgique, l'Allemagne, le Canada
7 le beurre, le café, le thé, le chocolat
8 le lait, l'eau, l'été, le coca

Ça commence avec un 'p'

Exemple: 1 *une pièce*

1 C'est quelque chose qui est est petit et rond. On la met quelquefois dans une machine automatique.
2 C'est un document officiel qui est nécessaire si on voyage à l'étranger.
3 C'est un plat italien qui est fait avec des tomates, du fromage, des olives etc.
4 C'est un fruit cultivé en France qui est jaune et orange et qui a un noyau à l'intérieur.
5 C'est un repas qu'on prend le matin.
6 C'est la capitale de la France.

A Zinedine Zidane, footballeur professionnel (page 48)

Des questions

Réponds aux questions en français.

1 Qu'est-ce que Zidane fait dans la vie?
2 De quelle nationalité est-il?
3 Est-ce qu'il joue dans l'équipe d'Angleterre?
4 Il vient de quelle ville?
5 Est-ce qu'il se lève avant sept heures normalement?
6 Où va-t-il quelquefois en fin de matinée?
7 La France a joué contre quel pays dans la finale de la Coupe du Monde en 1998?
8 Qui a gagné?

Au contraire

Trouve le mot qui veut dire le contraire dans le texte.

1 petit
2 célibataire
3 sur
4 beaucoup
5 peu connu
6 jamais
7 la même chose
8 avant

Mots croisés

Quel est le mot mystère?

1 to play
2 a goal
3 a match
4 a ball

Le mot mystère

B Les jeunes parlent aux jeunes (page 49)

Des questions

Réponds aux questions en français.

1 Qui rougit beaucoup?
2 Sophie pense que ce problème est dû à quoi?
3 Qui conseille à Hélène de respirer très fort?
4 Quel est le problème d'Olivier?
5 Qui a le même problème?
6 Qui propose à Olivier d'écouter la radio?
7 À ton avis, qui a la meilleure solution
   a pour Hélène   b pour Olivier?

Quel mot?

Trouve les mots dans le texte.

1 une pièce dans la maison
2 quelqu'un qui travaille dans un collège
3 le contraire du courage
4 un verbe qui veut dire devenir rouge
5 le contraire de désagréable

C'est presque la même chose

Trouve des mots et expressions dans le texte qui veulent dire la même chose, plus ou moins.

1 je déteste
2 préférée
3 de bonne heure
4 je deviens rouge

C Une autre activité

Le jeu des pays

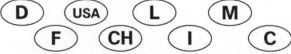

1 C'est un pays en Amérique du nord où les langues officielles sont l'anglais et le français.
2 C'est un pays en Europe où il y a quatre langues officielles: le français, l'allemand, l'italien et le romansch.
3 C'est un pays qui commence avec M et qui se trouve en Afrique du nord et où l'on parle arabe et français.
4 C'est un petit pays qui se trouve entre la Belgique, l'Allemagne et la France.
5 Ce pays est relié à l'Angleterre par le tunnel sous la Manche.
6 La capitale de ce pays européen est Berlin.
7 Ce pays est célèbre pour ses pizzas et ses pâtes.
8 Dans ce pays, on peut voir la Statue de la Liberté.

A La vente (page 64)

Des questions

Choisis la réponse correcte.

1 Dans cette famille, il y a ...
   a deux garçons, mais il n'y a pas de filles.
   b deux filles, mais il n'y a pas de garçons.
   c deux garçons et une fille.
2 Le correspondant de Robert va arriver ...
   a samedi dernier.
   b dimanche prochain.
   c samedi prochain.
3 La mère de Robert est contente, ...
   a parce qu'il a tout rangé.
   b parce que son correspondant va arriver.
   c parce qu'il a acheté un cadeau pour elle.
4 Quand les jumeaux voient les boîtes, ...
   a ils sont contents, parce que ce sont des cadeaux.
   b ils ne sont pas contents, parce que ce sont des vieux jouets.
   c ils rangent leurs affaires dans les boîtes.
5 Les jumeaux ont vu de la publicité pour ...
   a une boum.
   b des jeux.
   c une vente.
6 À la vente, Michel a acheté ...
   a un cadeau pour sa mère.
   b un cadeau pour son frère.
   c un cadeau pour son copain.

Encore des questions

Réponds aux questions en anglais.

1 Why does Robert have to tidy his room?
2 Why is Robert's Mum pleased with him?
3 What is the twins' reaction to all the boxes in their room?
4 What does Robert say he has given to the twins?
5 What idea do the twins get from the poster that they see?
6 What does Michel buy at the sale and who is it for?

B La vie scolaire en Europe (page 65)

C'est dans quel pays?

Exemple: 1 *C'est en France.*

1 La scolarité obligatoire est de six à seize ans.
2 Les cours finissent à une heure ou à deux heures de l'après-midi.
3 L'éducation est obligatoire à l'âge de sept ans.
4 Il n'y a absolument pas d'examens scolaires.
5 Il y a un examen important qui s'appelle le bac.

C Ça nous a changé la vie! Des inventions du 20e siècle (page 65)

Un jeu de définitions

Lis chaque définition. Qu'est-ce que c'est?

1 On le trouve très utile à l'école et au bureau. Ça ressemble à un instrument de musique.
2 C'est très utile dans la maison. On l'utilise pour nettoyer les tapis et la moquette.
3 Il y en a de très modernes, mais un scolaire italien très célèbre en a inventé la première version au 15e siècle.
4 On le trouve dans les stations de métro et dans les grands magasins. Quand il n'y a pas d'ascenseurs et on est fatigué, c'est très, très utile!
5 Quand il fait chaud, c'est essentiel pour mettre la nourriture au frais et pour avoir des boissons bien fraîches.

D Une autre activité

Chasse à l'intrus

Trouve le mot qui ne va pas avec autres.
Exemple: 1 *un professeur.*

1 un professeur, un élève, un étudiant, un enfant
2 un collège, une école primaire, une église, un lycée
3 l'Allemagne, la Suède, La Rochelle, le Danemark
4 un aspirateur, un hélicoptère, un ordinateur, un frigidaire
5 les enfants, les jumeaux, les parents, les cadeaux
6 un trombone, un violon, un taille-crayon, une gomme

A Aimez-vous lire? (page 80)

5–4–3–2–1

Sur cette page trouve:

- 5 noms de personnages littéraires mâles
- 4 adjectifs
- 3 animaux
- 2 nationalités
- 1 nom d'un auteur

B Roald Dahl (page 80)

Des questions

Réponds aux questions en anglais.

1 Where was Roald Dahl born?
2 What was Roald Dahl's second job?
3 Who were his early books written for?
4 Which was his first successful book for children?
5 Where did he write his books?
6 Who did he try out his ideas on?
7 What interests did Roald Dahl share with the illustrator of his books?
8 What did Roald Dahl say brought his characters to life?

C Harry Potter est arrivé en France! (page 81)

Des phrases à compléter

Lis les lettres et complète les phrases.

1 En France, «*Harry Potter et la coupe de feu*» est sorti (la date) …
2 C'est le … livre de la série.
3 Tous les enfants français étaient très …
4 En Angleterre, ce livre est sorti au mois de …
5 Normalement, Amandine n'aime pas …
6 Jean-Luc a déjà lu … livres sur Harry Potter.
7 Une amie de Harry Potter … Hermione.
8 Dans les livres de Harry Potter, il y a de l'émotion, du suspens et …

Le saviez-vous?

Trouve les paires.

1	On a vendu …	a	une cathédrale.
2	On a traduit les livres …	b	s'appelle Hogwarts.
3	Le traducteur français a pris deux mois …	c	en plusieurs langues.
4	C'est un jeune acteur anglais …	d	qui joue le rôle de Harry dans le film.
5	L'école de la sorcellerie …	e	des millions de livres d'Harry Potter.
6	Pour le décor de cette école, on a choisi …	f	pour compléter son travail.

D Une autre activité

Les loisirs

1 Ici, on écoute de la musique et on danse.
2 J'adore le film «Astérix et Cléopatre». Est-ce qu'on peut l'acheter en v…?
3 Je vais voir cette … J'adore la peinture!
4 Un artiste fait du … et de la peinture.
5 Ici on fait de la natation.
6 L'orchestre donne un c… ce soir. On y va?
7 En France, le 14 Juillet, c'est la … nationale.
8 Dans ce bâtiment, on peut voir des pièces ou des ballets ou des spectacles.
9 Ma sœur adore le sport, mais mon … préfère la musique.
10 Moi aussi, j'aime la … Je joue du piano et du violin.
11 Tu viens au club? Il y a une … ce soir.
12 J'ai un nouveau … électronique, alors j'ai passé toute la soirée devant l'ordinateur.

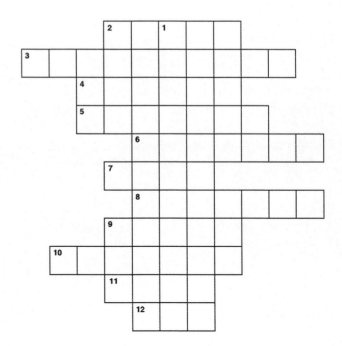

Encore Tricolore 2 nouvelle édition © Honnor, Mascie-Taylor, Nelson Thornes 2001

A Louis Laloupe arrête le voleur (page 94)

Tu as bien compris?

Réponds aux questions en anglais.

1 Why did M. Dugrand telephone Louis Laloupe?
2 What clue did Louis Laloupe find in the shop?
3 Did the dog stay in the town?
4 Where did the dog stop?
5 What did Louis Laloupe do next?
6 What did the burglar do when he saw Louis Laloupe?
7 How did the dog help?
8 What happened in the end?

Au contraire

Trouve les mots dans le texte qui veulent dire le contraire.

1	tard	3	à gauche	5	il est entré
2	derrière	4	lentement	6	il s'est levé

Un résumé

Avec 8 de ces phrases tu peux faire un résumé de l'histoire. Les 4 autres phrases ne sont pas vraies. Mettez les 8 phrases dans l'ordre.
Ex. .e., ..., ...

a Louis a trouvé une clé par terre.
b Louis s'est caché derrière la maison et quand le voleur est sorti, il l'a arrêté.
c Louis et son chien ont cherché le voleur et ils se sont arrêtés devant une petite maison de campagne.
d Louis Laloupe a poussé un cri quand il a ouvert la porte.
e Un soir, Louis Laloupe s'est couché tôt.
f Dans la maison, ils ont trouvé le voleur qui examinait les montres.
g Louis s'est levé vite et il est allé chez M. Dugrand.
h Le voleur s'est retourné et a vu Louis, mais avec l'aide de son chien, Louis l'a arrêté quand même.
i À la fin de l'histoire, Louis s'est réveillé – l'aventure, c'était un rêve!
j Un soir, Louis Laloupe s'est promené à la campagne avec son chien.
k M. Dugrand a téléphoné à Louis, parce que quelqu'un avait volé ses montres.
l Louis Laloupe s'est approché du voleur avec un ordinateur.

B Le Stade de France (page 95)

Trouve les paires

1	Le stade de France se trouve …	a	mais aussi plus de trente ascenseurs.
2	Pour y aller, on peut facilement prendre …	b	aussi des concerts et des spectacles.
3	C'est un bâtiment énorme avec …	c	près de Paris.
4	On y organise des matchs de football et de rugby et …	d	couvre les spectateurs, mais pas les participants des événements.
5	Il y a un grand toit qui …	e	environ 80,000 places assises.
6	Il y a des escaliers, …	f	de la pelouse, de l'arène, des tribunes, des vestiaires et du couloir des joueurs.
7	Pour vendre des boissons, …	g	les transports en commun.
8	On peut faire la visite …	h	il y a plus de 40 bars-buvettes.

C Les jeux traditionnels (page 95)

Trouve le mot

Remplis les blancs.

1 La toupie et les billes sont des … traditionnels.
2 En France, on … beaucoup de billes.
3 Les premières billes étaient probablement des …
4 « Turbo » est le mot latin pour …

D Une autre activité

Chasse à l'intrus

Trouve le mot qui ne va pas avec les autres.

Exemple: 1 *ouvert*

1 noir, blanc, vert, ouvert
2 un spectacle, une pièce de théâtre, une clé, un concert
3 le football, l'athlétisme, l'ascenseur, le rugby
4 des billes, des échecs, des cartes, des glaces
5 un toit, un ballon, une raquette, une balle
6 un stade, une noix, une piscine, un terrain
7 le métro, le stade, le train, le bus
8 un chien, un chou, un chat, un cheval

A Safari (page 109)

Les chiens, est-ce qu'ils voient bien?

*Écris **V** (vrai) ou **F** (faux).*

1 Quand il y a du soleil, les chiens voient bien les couleurs.
2 Les chiens voient facilement le mouvement.
3 Un chien peut voir les choses devant et derrière lui.
4 La nuit, les chiens voient moins bien que les humains.
5 Pour un berger, avoir un bon chien, c'est très important.

Quel animal est le plus dangereux?

Choisis le mot correct.

L'hippopotame
1 L'hippotame est ...
  a carnivore.
  b herbivore.
  c un reptile.
2 Il a des dents ...
  a très longues.
  b très petites.
3 Il mange ...
  a du poisson.
  b des plantes.
  c des antilopes.

Le crocodile
4 Le crocodile est ...
  a un mammifère.
  b carnivore.
  c herbivore.
5 Il peut mesurer ...
  a 1 mètre.
  b 5 mètres.
  c 1,5 mètres.
6 Ses yeux sont ...
  a grands.
  b bleus.
  c petits.

À votre avis, quel est l'animal le plus extraordinaire?

Complète les phrases avec les mots dans la case.

1 La girafe a une ... extensible.
2 La girafe peut ... 50 litres d'eau.
3 La girafe ne ... pas très souvent.
4 La girafe peut ... très vite.
5 La girafe ... pendant la moitié du jour.

boire	dort	mange
courir	langue	

B Jeux de mots

Les mots mêlés

Trouve et encercle:

- 5 animaux
- 4 adjectifs
- 3 parties du corps
- 2 prépositions
- 1 verbe

(Regarde les articles à la page 109, Safari)

G	I	R	A	F	E	Z	C	O	U	Y
F	A	N	T	A	S	T	I	Q	U	E
B	O	U	C	H	E	M	A	N	G	E
X	A	N	T	I	L	O	P	E	Z	Q
D	A	N	G	E	R	E	U	X	X	X
H	I	P	P	O	P	O	T	A	M	E
H	D	E	R	R	I	È	R	E	Z	X
F	O	R	T	D	E	V	A	N	T	W
C	R	O	C	O	D	I	L	E	Q	V
C	H	I	E	N	X	P	E	T	I	T

Chasse à l'intrus

Trouve le mot qui ne va pas les autres.

Exemple: 1 *voir*

1 grand, fort, voir, petit
2 grande, mange, longue, petite
3 la patience, les yeux, les dents, la bouche
4 dangereux, fantastique, mesurer, intéressant
5 mammifère, reptile, poisson, langue
6 un lapin, une souris, un livre, une tortue
7 courir, carnivore, manger, boire
8 derrière, beaucoup, sous, devant

138

Contrôle: ÉCOUTER 🎧

A Pierre fait tout ça

Écoute et écris la bonne lettre.

1 Quand je vais en ville, j'aime acheter **Ex.** ...*a*.

a   **b**   **c**

2 Normalement, je vais au collège ......

a  **b**   **c**

3 Ma matière préférée est ......

a   **b**   **c**

4 Dans un café, j'aime boire ...

a   **b**   **c**

5 Pour aider à la maison, j'aime ......

a   **b**   **c**

6 Mais je déteste ......

a   **b**   **c**

B La semaine de Claudine

Écoute et choisis la lettre correcte pour chaque jour.

lundi et mardi **Ex.** ..*b*..

mercredi ....

jeudi ....

vendredi ....

samedi ....

dimanche ....

a  **b**

c  **d**

e  **f**

Contrôle: ÉCOUTER 🎧

C Tu vas me reconnaître

Écoute et écris la bonne lettre.

a   **b**   **c**   **d**   **e**

1 Françoise **Ex.** .*c*......

2 Michelle ....

3 Roselyne ....

4 Claire ....

5 Lucie ....

/4

D Paul prend le train

Écoute et écris la bonne lettre.

1 Où va Paul? **Ex.** ....*c*...
    a Londres ....
    b Lyon ....
    c Paris ....

2 Que porte Paul?
    a

    b

    c

3 Il entre dans la gare. Où va-t-il?
    ....

a

b

c

4 Le train part à quelle heure?........
    a 15h00   **b** 16h00   **c** 17h00

5 Combien coûte le billet de Paul?....
    a € 5,60   **b** € 6,30   **c** € 7,40

6 Le problème de Paul? ....

a

b

c

/5

E Qu'est-ce qu'on va faire?

Jean is talking to Simon, his Swiss friend. Listen and answer the questions in English.

1 What would Simon like to drink for breakfast?
    Ex. .*coffee with milk*..............................

2 What would he like to eat?
    ....

3 Which activity did the boys do yesterday?
    ....

4 What do they intend to do tomorrow?
    ....

5 Where do they plan to go for their picnic?
    ....

6 How are they going to get there?
    ....

7 Why must they not be back late?
    ....

/6   /25

TOTAL

Contrôle: PARLER

A Des situations

Prépare ces dialogues. Le professeur va choisir un dialogue pour le contrôle.

1 Au café
Tu es au café avec un ami.

> Order a drink for yourself and a different drink for your friend
> *Par exemple:*

> Ask what kind of snacks they have

> Order a snack for yourself and a different snack for your friend
> *Par exemple:*
>

> Ask where one of these places is

2 À l'épicerie
Tu es à l'épicerie.

> Ask for two items
>

> Ask how much the item you want is

> Ask if there is a certain kind of shop in the town
>
> LIBRAIRIE   BOULANGERIE-PÂTISSERIE   BOUCHERIE
> ÉPICERIE   CHARCUTERIE

> Ask if it's far?

3 Un petit problème
Tu es malade.

> Say you're not feeling well

> Describe two symptoms
>

> Mention one thing that you ate yesterday that may be the cause of the problem

> Ask if you can phone home

4 À la gare
Tu es à la gare.

> Ask for a train ticket
> PARIS   ROUEN   LILLE

> Ask when the next train leaves

> Ask what platform it leaves from

> Ask where one of these places is
>

12

Contrôle: PARLER

B Des conversations

Voici des thèmes pour une conversation. Prépare deux thèmes. Le professeur va choisir un des deux pour le contrôle.

Les vacances

Qu'est-ce que tu fais, normalement, pendant les vacances?

Comment aimes-tu voyager quand tu pars en vacances? Pourquoi?

Qu'est-ce que tu as fait l'année dernière?

Qu'est-ce que tu vas faire cet été?

Qu'est-ce que tu veux faire, si possible?

Au collège

Qu'est-ce que tu aimes comme matières? Pourquoi?

Comment vas-tu au collège?

Tu portes un uniforme scolaire? C'est comment?

Parle d'une journée au collège que tu as aimée. (Qu'est-ce que tu as fait?)

Quand est-ce que les cours vont finir demain?

Le week-end

Quand est-ce que tu te lèves le samedi, normalement?

À quelle heure est-ce que tu te couches, le week-end?

Qu'est-ce que tu fais le samedi après-midi?

Qu'est-ce que tu as fait le week-end dernier? C'était intéressant?

Qu'est-ce que tu vas faire le week-end prochain?

Les repas

Qu'est-ce que tu aimes manger et boire?

Est-ce qu'il y a des choses que tu n'aimes pas?

Qu'est-ce que tu as mangé hier à midi?

Qu'est-ce que tu vas prendre pour le petit déjeuner demain matin?

Est-ce que tu aimes manger dans un fast-food? Pourquoi/Pourquoi pas?

Ma ville/Ma région

Où est-ce que tu habites?

Qu'est-ce qu'on peut faire dans ta ville ou ta région?

Est-ce que tu aimes habiter ici/là? Pourquoi?

Qu'est-ce que tu as fait récemment dans ta ville/région?

Qu'est-ce que tu vas faire la semaine prochaine?

Ma famille et mes amis

Il y a combien de personnes dans ta famille? Qui, par exemple?

Parle d'une personne dans ta famille ou d'un copain/une copine. (Comment est-il/elle? etc.)

Qu'est-ce que tu fais avec tes amis pendant la pause-déjeuner?

Qu'est-ce que tu as fait récemment avec tes amis ou ta famille? C'était bien?

Qu'est-ce que tu vas faire avec tes amis le week-end ou pendant les vacances?

Bonus (1 point)
Ajoute un ou deux détails.

13   25

TOTAL

Contrôle: LIRE

A Jean parle à son correspondant

Trouve les paires.

1 Ex. ...*f*..., **2** ....,
3 ...., **4** ....,
5 ...., **6** ....

1 Est-ce que tu as fait ...	**a** tes vêtements dans l'armoire.
2 Tu peux mettre ...	**b** levons à neuf heures.
3 Pendant les vacances, nous nous ...	**c** mon copain, Christophe.
4 Je te présente ...	**d** va aller en ville.
5 Cet après-midi, on ...	**e** prendre le bus.
6 Comme c'est assez loin, on va ...	**f** bon voyage?

$\frac{}{5}$

B Trois menus

*Pour chaque phrase, écris **V** (vrai) ou **F** (faux).*

1 Ex. ...*V*..., **2** ...., **3** ...., **4** ...., **5** ....,

LUNDI 15	MARDI 16	JEUDI 18
salade de tomates	**sardines à l'huile**	**melon**
omelette aux	**poulet rôti**	**croquettes**
champignons	**haricots verts**	**de poisson**
frites	**mousse au chocolat**	**petits pois**
yaourt		**fromage**

1 Lundi, le repas est idéal pour les végétariens.
2 On mange des légumes tous les jours.
3 Le jeudi, il y a un dessert délicieux.
4 Le lundi, on mange des pommes de terre.
5 On mange de la viande le mardi et le jeudi.

$\frac{}{4}$

C Julie à Paris

Lis cette carte postale.
Écris la bonne lettre.

1 Ex. ...*b*..., **2** ...., **3** ....,
4 ...., **5** ....

1 Julie est dans quel pays?
  a en Angleterre
  b en France
  c en Espagne

> Bonjour! Je suis à Paris et il fait très beau. Il y a trop à faire ici — je me couche à onze heures chaque nuit. Il y a une bonne librairie près d'ici et j'ai acheté beaucoup de magazines. Les restaurants sont super — mon plat préféré est le poisson au beurre blanc.
>
> Il y a une piscine à l'hôtel et je vais me baigner maintenant.
> À bientôt,
> Julie

2 Que fait Julie à vingt-trois heures?

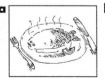

4 Julie aime manger ...

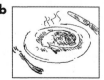

3 Julie préfère quel magasin?

5 Qu'est-ce que Julie va faire maintenant?

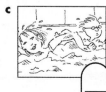

$\frac{}{4}$

Contrôle: LIRE

D La lettre de Dominique

Lis ce message éléctronique et réponds aux questions.

1 Dominique a passé combien de jours en Angleterre? **Ex.** .....*b*...
  a 7
  b 14
  c 21

2 L'opinion de Dominique sur les vacances scolaires en Angleterre: ....
  a très longues
  b trop courtes
  c idéales

3 L'opinion de Dominique sur le collège en Angleterre: ....
  a comme les collèges en France
  b mal équipé
  c bien équipé

4 Dominique a reçu quels cadeaux? ....
  a des porte-clés
  b des affiches
  c des boîtes de petits gâteaux

5 Logement l'année dernière: ....
  a chez une famille
  b dans un hôtel
  c dans une tente

6 Logement l'été prochain: ....
  a chez une famille
  b dans un hôtel
  c dans une tente

Chère Émilie,

En réponse à ton message, l'année dernière, j'ai passé deux semaines en Angleterre avec mon collège. La vie scolaire là-bas est différente. Les élèves portent un uniforme et ils ne vont pas au collège le samedi. Les vacances aussi sont différentes. En été, ils ont seulement six semaines de vacances. En France, c'est deux mois!

Le collège de ma correspondante est super. Il y a de bons terrains de sport, des labos modernes, un grand gymnase et une grande salle d'ordinateurs. J'ai passé beaucoup de temps à travailler sur l'ordinateur comme je le fais en France.

Ma correspondante anglaise s'appelle Angela. Sa famille est très sympa. Ils m'ont offert des cadeaux formidables. Tu vas les voir sur les murs de ma chambre!

En été, je pars en vacances avec mes cousins. On va faire du camping en Allemagne. Tu veux venir?

Écris-moi bientôt,

Dominique

$\frac{}{5}$

E Un hold-up à Paris

Read this article and answer the questions in English.

Paris, le 3 mars Ce matin, à dix heures, des voleurs – deux hommes et une femme – sont entrés dans une banque à Paris. Les trois voleurs étaient masqués. Un des voleurs a perdu son masque et la caméra de la banque a pris sa photo: c'est un homme aux cheveux longs avec une moustache courte.

Un caissier, Philippe Duval, a été blessé – il a essayé de téléphoner à la police, mais un voleur l'a vu et il a reçu une balle* dans le bras.

Un autre caissier a mis 5000 euros dans un sac et les voleurs sont partis dans une voiture qui était à la sortie.

Le caissier a réussi à noter le numéro de la voiture, mais plus tard, on a trouvé ce véhicule abandonné au bord de la rue.

Le détective Louis Clément a annoncé: «La photo du voleur qui a perdu son masque va être à la télévision et sur Internet ce soir. Téléphonez tout de suite à la police, si vous reconnaissez cet homme.»

* *(here) une balle* = a bullet

1 When did this crime take place? (date and time)
  Ex. ...*on the 3rd of March at 10 o'clock*...
2 How many thieves were there?
  ....
  ....
3 How was the photo of one of the thieves obtained?
  ....
  ....
4 Describe this man's appearance.
  ....
  ....
5 Where does Philippe Duval work?
  ....
  ....
6 What happened to Philippe?
  ....
7 What other clue to the identity of the thieves do the police have besides a photo?
  ....
8 What can members of the public do to help get the thieves arrested?
  ....

$\frac{}{7}$ $\frac{}{25}$

TOTAL

Contrôle: ÉCRIRE ET GRAMMAIRE

A La famille Dumas

1 La journée de la famille Dumas
Pour chaque phrase, écris le verbe correct.

PRESENT TENSE

1 À sept heures, André Dumas Ex. ......*mange*...... un croissant. (manger)

2 Il .... aussi un café. (prendre)

3 Marie Dumas et ses enfants .... le petit déjeuner à huit heures. (finir)

4 À neuf heures, André Dumas va à son travail. Il .... des voitures. (vendre)

5 Il .... avec les clients. (parler)

2 Le week-end dernier de la famille Dumas
Pour chaque phrase, écris le verbe correct.

PERFECT TENSE

6 Vendredi soir, Claude Dumas Ex. ......*a regardé*...... la télé. (regarder)

7 Samedi matin, Claude .... ses livres à la bibliothèque. (rendre)

8 En ville, il .... un cadeau d'anniversaire pour sa sœur. (choisir)

9 Samedi après-midi, Claude et Nicole .... leurs devoirs. (finir)

10 Le soir, ils .... sur l'ordinateur. (jouer)

B Un e-mail

In French, write an e-mail to your French friend. Write about 6 sentences.

Mention:
- *your family*
- *your home*
- *your school*
- *something you like*
- *something you dislike.*

Then mention:
- *what you are going to do this weekend.*

Pour t'aider

Dans ma famille, il y a mon père/ma sœur/ Richard/etc.
J'ai aussi deux oncles/une grand-mère/etc.

Chez moi, il y a trois chambres/une cuisine etc.

À mon collège, il y a des labos/un gymnase etc.

J'aime/J'adore ...
Je n'aime pas/Je déteste ...

Ce week-end, je vais faire mes devoirs/ aller .../jouer sur l'ordinateur/etc.

C Une fête

Imagine that you went to a party last Saturday. In French, write an e-mail about 60 or 70 words long to a French friend describing the night out.

Here are some suggestions. You do not have to use them all. You could mention:
- *a present that you bought*
- *where you went before the party*
- *who you went with*
- *how you got there.*

In a separate paragraph mention:
- *what you did at the party*
- *what you ate*
- *what you drank*
- *your opinion of the music.*

Then mention:
- *your return home*
- *the party that you are going to next Saturday.*

....
....
....
....
....
....
....
....
....
....

TOTAL

Encore Tricolore 2   Name

RECORD SHEET FOR Contrôle

Listening (AT1)	Task	Points	Level achieved ✓
	A		
	B		
	C		
	D		
	E		
TOTAL	(25)		

Reading (AT3)	Task	Points	Level achieved ✓
	A		
	B		
	C		
	D		
	E		
TOTAL	(25)		

Speaking (AT2)	Task	Points	Level achieved ✓
	A		
	B		
TOTAL	(25)		

Writing (AT4)	Task	Points	Level achieved ✓
	A		
	B		
	C		
TOTAL	(25)		

Encore Tricolore 2 nouvelle édition © Nelson Thornes 2001

Encore Tricolore 2   Name

RECORD SHEET FOR Contrôle

Listening (AT1)	Task	Points	Level achieved ✓
	A		
	B		
	C		
	D		
	E		
TOTAL	(25)		

Reading (AT3)	Task	Points	Level achieved ✓
	A		
	B		
	C		
	D		
	E		
TOTAL	(25)		

Speaking (AT2)	Task	Points	Level achieved ✓
	A		
	B		
TOTAL	(25)		

Writing (AT4)	Task	Points	Level achieved ✓
	A		
	B		
	C		
TOTAL	(25)		

Encore Tricolore 2 nouvelle édition © Nelson Thornes 2001

Chantez! LES MATIÈRES

Les maths, je n'aime pas ça, L'an - glais, _____ c'est pas pour moi, C'est dif - fi - cile, l'in-for-mat-ique, ___ Ce que j'aime, _ c'est la mu - sique.

chorus

J'aime

bien mon col - lège Sur - tout le ven - dre-di Le jour où on fait de la mu - sique

Tout l'ap-rès-mi - di. 2. Ce Tout l'ap-rès-mi - di. Lun - di ___ — l'all-e-mand et la

phy - sique, Mar-di ___ — berck! l'in-struc-ti-on civ - ique, Mer-cre-di et jeu-di, ___

beau-coup de de-voirs, Mais ven-dre-di, me sem-ble moins noir! 3. Eh Tout l'ap-rès-mi - di.

Chantez! LES MATIÈRES

1 Les maths, je n'aime pas ça,
L'anglais, c'est pas pour moi,
C'est difficile, l'informatique,
Ce que j'aime, c'est la musique.

>   J'aime bien mon collège
>   Surtout le vendredi,
>   Le jour où on fait de la musique
>   Tout l'après-midi.

2 Ce que j'aime le moins,
C'est sûr, c'est le latin.
C'est fatigant, la gymnastique,
Ce que j'aime, c'est la musique.

>   J'aime bien mon collège
>   Surtout le vendredi,
>   Le jour où on fait de la musique
>   Tout l'après-midi.

>   Lundi – l'allemand et la physique,
>   Mardi – berck! l'instruction civique,
>   Mercredi et jeudi, beaucoup de devoirs,
>   Mais vendredi, me semble moins noir!

3 Eh oui, les sciences nat.,
C'est plus facile que les maths,
Mais c'est loin d'être fantastique,
Ce que j'aime, c'est la musique.

>   J'aime bien mon collège
>   Surtout le vendredi,
>   Le jour où on fait de la musique
>   Tout l'après-midi.

Chantez! QUE DÉSIREZ-VOUS?

— Bi - en, Mes-sieurs, Mes -

verses 2, 3, 4 and 5 – repeat as necessary

- de-moi - selles,   Que dé - si - rez - vous?   — Paul dé - sire un   verre de lait,

verse 6 to coda

— Mon frère va prendre une   menthe à l'eau,   Et pour moi un   cho-co - lat   chaud. __

__   Mais mon-sieur, je suis   dé - so - lée,   (clap clap) Marc et   Anne et Claire

coda

N'ont pas en - core   dé - ci - dé.   — Bi -   Et pour moi une

tranche de   quiche. __   Mais mon-sieur, je suis   dé - so - lée... — Ne di-tes ri - en, __   dé -

- jà j'ai de-vi-né   Paul et Marc et   Anne et Claire   N'ont pas en-core   dé - ci - dé.

Chantez! QUE DÉSIREZ-VOUS?

1 Bien, Messieurs, Mesdemoiselles,
Que désirez-vous?
Mon frère va prendre une menthe à l'eau,
Et pour moi un chocolat chaud.
Mais Monsieur, je suis désolée,
Paul et Marc et Anne et Claire
N'ont pas encore décidé.

2 Bien, Messieurs, Mesdemoiselles,
Que désirez-vous?
Paul désire un verre de lait,
Mon frère va prendre une menthe à l'eau,
Et pour moi un chocolat chaud.
Mais Monsieur, je suis désolée,
o o Marc et Anne et Claire
N'ont pas encore décidé.

3 Bien, Messieurs, Mesdemoiselles,
Que désirez-vous?
Marc voudrait un Orangina,
Paul désire un verre de lait,
Mon frère va prendre une menthe à l'eau,
Et pour moi un chocolat chaud.
Mais Monsieur, je suis désolée,
o o o o Anne et Claire
N'ont pas encore décidé.

4 Bien, Messieurs, Mesdemoiselles,
Que désirez-vous?
Anne prend un citron pressé,
Marc voudrait un Orangina,
Paul désire un verre de lait,
Mon frère va prendre une menthe à l'eau,
Et pour moi un chocolat chaud.
Mais Monsieur, je suis désolée,
o o o o o o Claire
N'a pas encore décidé.

5 Bien, Messieurs, Mesdemoiselles,
Que désirez-vous?
Claire a choisi un coca,
Anne prend un citron pressé,
Marc voudrait un Orangina,
Paul désire un verre de lait,
Mon frère va prendre une menthe à l'eau,
Et pour moi un chocolat chaud.
o o o o o o o
Tout le monde a décidé!

6 Bien, Messieurs, Mesdemoiselles,
Vous mangez quelque chose?
Mon frère prend une portion de frites,
Et pour moi une tranche de quiche.
Mais Monsieur, je suis désolée …
Ne dites rien, déjà j'ai deviné.
Paul et Marc et Anne et Claire
N'ont pas encore décidé.

Encore Tricolore 2 nouvelle édition © Nelson Thornes 2001

Chantez! PARIS–GENÈVE

Intro.

1. Moi j'y vais en T. G. V.   J'ai mon bil-let, faut le com-pos-ter.

Dé-part pour Ge-nève à dix heures trente,   En-core cinq min-utes dans la sal-le d'at-

- tente.   *Whistle,_   hoot,___* J'ai juste   le temps   d'al-

Pa- ris — Gen-ève Pa- ris — Gen-ève Pa-

- ler   aux toi-lettes ,   On ar - rive   bien - tôt   à

- ris — Gen-ève Pa - ris — Gen-ève Pa - ris — Gen-ève Pa - ris — Gen-ève Pa-

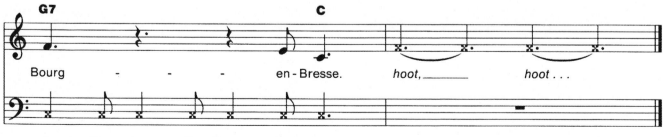

Bourg - - - en - Bresse.   *hoot,_____   hoot . . .*

- ris — Gen - ève Pa - ris — Gen - ève

Chantez! PARIS–GENÈVE

1 Moi, j'y vais en TGV,
J'ai mon billet, faut le composter.
Départ pour Genève à dix heures trente,
Encore cinq minutes dans la salle d'attente.
(Paris–Genève, Paris–Genève)
J'ai juste le temps d'aller aux toilettes,
On arrive bientôt à Bourg-en-Bresse.

2 Moi, j'y vais en TGV,
J'ai mon billet, faut le composter.
Départ pour Genève à douze heures vingt,
Pardon Monsieur, de quel quai part le train?
(Paris–Genève, Paris–Genève)
Je prends du pain, bois une limonade,
Le train est rapide, voilà Bellegarde!

3 Moi, j'y vais en TGV,
Rendre visite à mon cher Pépé,
À treize heures trente, départ pour la Suisse,
Oh ben, dis donc! Où est ma valise?
(Paris–Genève, Paris–Genève)
J'ai presque fini mon magazine,
La fille en face – c'est une copine!

4 Nous y allons en TGV,
Nos billets, ils sont compostés.
Nous arrivons à Genève en Suisse.
Quelle heure est-il? Quatorze heures six.

Chantez! ALOUETTE

Alouette, gentille alouette,
Alouette, je te plumerai.
Je te plumerai la tête,
Je te plumerai la tête,
Et la tête, et la tête,
Alouette, Alouette,
Oh ...

Alouette, gentille alouette,
Alouette, je te plumerai.
Je te plumerai le bec,
Je te plumerai le bec,
Et le bec, et le bec,
Et la tête, et la tête,
Alouette, Alouette,
Oh ...

Alouette, gentille alouette,
Alouette, je te plumerai.
Je te plumerai le cou,
Je te plumerai le cou,
Et le cou, et le cou,
Et le bec, et le bec,
Et la tête, et la tête,
Alouette, Alouette,
Oh ...

Alouette, gentille alouette,
Alouette, je te plumerai.
Je te plumerai le dos,
Je te plumerai le dos,
Et le dos, et le dos,
Et le cou, et le cou,
Et le bec, et le bec,
Et la tête, et la tête,
Alouette, Alouette,
Oh ...

Alouette, gentille alouette,
Alouette, je te plumerai.
Je te plumerai les ailes,
Je te plumerai les ailes,
Et les ailes, et les ailes,
Et le dos, et le dos,
Et le cou, et le cou,
Et le bec, et le bec,
Et la tête, et la tête,
Alouette, Alouette,
Oh ...

Alouette, gentille alouette,
Alouette, je te plumerai.
Je te plumerai la queue,
Je te plumerai la queue,
Et la queue, et la queue,
Et les ailes, et les ailes,
Et le dos, et le dos,
Et le cou, et le cou,
Et le bec, et le bec,
Et la tête, et la tête,
Alouette, Alouette,
Oh ...

Alouette, gentille alouette,
Alouette, je te plumerai.
Je te plumerai les pattes,
Je te plumerai les pattes,
Et les pattes, et les pattes,
Et la queue, et la queue,
Et les ailes, et les ailes,
Et le dos, et le dos,
Et le cou, et le cou,
Et le bec, et le bec,
Et la tête, et la tête,
Alouette, Alouette,
Oh ...

Alouette, gentille alouette,
Alouette, je te plumerai.

Chantez! SABINE, CE N'EST PAS GRAVE ...

Al - lô___ Fa - bi - en?___ C'est Sé - ve - rine

Est—ce que tu veux sor - tir_____ av-ec moi?

Viens à la dis - co - thèque à huit heures et___ quart! Il

y a de la bonne mus - ique là - bas___ ce soir.___ Tu ne vi-

- ens pas? Je ne peux pas ven - ir...___ Pour-quoi pas? C'est que

je suis mal - ade... Qu'est—ce qui ne va pas? J'ai mal à la gorge. Pour-

- quoi est—ce que tu ne té - lé-phones pas? Je pré - fère sor - tir av-ec toi,___

Chantez! SABINE, CE N'EST PAS GRAVE ...

1   Allô, Fabien? C'est Séverine.

Est-ce que tu veux sortir avec moi?

Viens à la discothèque à huit heures et quart!

Il y a de la bonne musique là-bas ce soir.

    Tu ne viens pas?   *Je ne peux pas venir ...*

    Pourquoi pas?   *C'est que je suis malade ...*

    Qu'est-ce qui ne va pas? *J'ai mal à la gorge.*

    Pourquoi est-ce que tu ne téléphones pas?

    Je préfère sortir avec toi, Sabine.

2   Allô, Fabien? Ici Hélène.

Est-ce que tu veux sortir avec moi?

Viens au cinéma à sept heures moins le quart!

Il y a un bon film qui passe ce soir.

    Tu ne viens pas?   *Je ne peux pas venir ...*

    Pourquoi pas?   *C'est que je suis malade ...*

    Qu'est-ce qui ne va pas? *J'ai mal au ventre.*

    Pourquoi est-ce que tu ne téléphones pas?

    Je préfère sortir avec toi, Sabine.

3   Allô, Fabien? Ici Delphine.

Est-ce que tu veux sortir avec moi?

Viens au théâtre à huit heures moins le quart!

Il y a une bonne pièce qui se joue ce soir.

    Tu ne viens pas?   *Je ne peux pas venir ...*

    Pourquoi pas?   *C'est que je suis malade ...*

    Qu'est-ce qui ne va pas? *J'ai mal aux oreilles.*

    Pourquoi est-ce que tu ne téléphones pas?

    Je préfère sortir avec toi, Sabine.

4   *Salut, Delphine, Hélène, ça va Séverine?*

Tiens, bonjour, comment vas-tu Sabine?

Bonjour, Fabien.   *Salut, Sabine.*

Est-ce que tu veux sortir avec moi?

Viens au club des jeunes à sept heures et quart!

Il y a une surprise-partie là-bas ce soir.

    Tu ne viens pas?   Il ne peut pas venir ...

    Pourquoi pas?   C'est qu'il est malade ...

    Qu'est-ce qui ne va pas? Il a mal à la gorge!

    Il a mal au ventre!   Il a mal aux oreilles!

    Comment ça?   *Oh, ce n'est pas grave ...*

Acknowledgements
The authors and publisher would like to thank the following for their contribution to this book:
Terry Murray for writing the Assessment worksheets
Sarah Langman Scott and Michael Spencer for editing the materials
Susan Hotham of Wakefield Girls' High School, Andrew Humphreys of Dartford Grammar School for Boys and Christine Ross of Criess High School.
Recorded by John Green tefl tapes with Fabrice Archirel, Jean-Pierre Arnaud, Alexandre Aubry, Jean-Pierre Blanchard, Marianne Borgo, Georges Caudron, Axel Dellea, Marie-Charlotte Dutot, Pamela Farbre, Natacha Geritsen, Delphine Gingembre, Marie-Eugénie Maréchal, Kelly Marot, Sarah Marot, Paul Nivet, Michel Paulin, Arthur Pestel, Tangui Rohan and Frédérique Villedent.